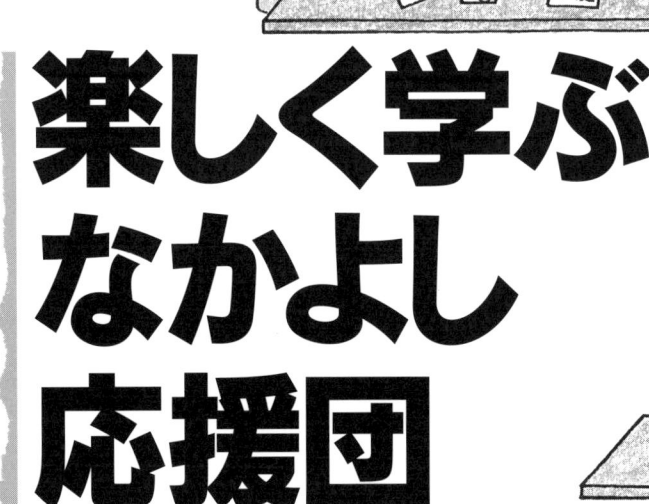

イラスト版 LDのともだちを理解する本

上野一彦 [編著]
[日本LD学会理事長]

楽しく学ぶ なかよし応援団

合同出版

まえがき

　LD（学習障害）、ADHD（注意欠陥多動性障害）、高機能自閉症などをわが国では発達障害と総称します。こうした発達障害のある子どもたちは、LDに限らず、勉強面でも行動面でもいろいろなつまずきや学びにくさをもっています。また、どのような診断名がついていても似たような困難や重複性を示す場合もあります。

　『私たちの教え方で学べない子どもには、その子の学び方で教えなさい』という言葉がありますが、私はそこに子どもの目線に立った教師のあるべき姿を見ます。教室でそうした学びにくさをもった子どもたちに対して、さまざまな手立てを考え、工夫することは教師として基本的な態度です。そこから教育への信頼が生まれるのではないでしょうか。

　この本では、LDのある子どもたちが教室でよく示すさまざまな困難を、実際に教室で教えている先生方と一緒に考えてみました。そして、クラスの中でどのように指導していけばよいのかをできるだけ具体的に、イラストを添え、わかりやすく説明してみました。

　指導にはいろいろな形態があると思います。まず、最初は通常のクラスという環境での一斉授業のなかでどのように配慮し、指導するかです。ティームティーチングや小集団でのグループ授業もあると思います。場合によっては補助の先生や支援員がつく場合もあるでしょう。また「通級による指導」や「特別支援学級」への通級といった形態での、より個別的な指導や支援もあるかもしれません。

　ここで大切なことは、指導形態には子どもの困難さの度合いによっていくつかの段階があり、選ぶこともあるということです。しかし、そうした指導形態の選択肢自体が学校側に十分に準備されていない場合もあります。理想の教育とは、子どもに対してさまざまな学びの選択肢があり、それが子どもに合わせて選ぶことができることかもしれません。

　指導や支援にいくつかの段階や順序があるとしても、基本は通常のクラスでの授業です。クラスの人数やどのような子どもたちで構成されているかによっても教室環境は異なってきます。教師の経験年数や指導力によっても、差異が生じるかもしれません。しかし、大切なことは、子どもの状態を正確に把握すること、そして、もしも、つまずきかけている子どもがいるなら、それを指導の課題として意識する教師の敏感さと解決しようとする教師の熱意ではないでしょうか。

　もうひとつ大切なことがあります。どのような指導形態であっても、子どもに対する理解と対応には共通性があるということです。まずそうした指導や支援に共通する基本を学びとってください。気づきがはやく、この基本がしっかりしていれば、通常のクラスでの配慮指導で多くのことが改善していけると思います。

この最初の段階が何よりも大切です。そのうえで、子どもを取り巻く課題を見極めると、さらにその子どもに適した別の指導形態を考える必要性が見えてきます。すぐに個別的な「取り出し指導」ではありません。手順を踏むことが、子どもが抱える課題を効果的に解決し、また、通常のクラスでうまく指導する可能性を大きくしていきます。

　何がなんでも通常のクラスでというわけではありません。子どもの困難の程度によっては、ある時期、個別的な取り出し型の指導が必要になるかもしれません。大事なのは、そうした支援が子ども自身の「わかるようになりたい」「わかってうれしい」という気持ちの育ちを大切にしなければならないということです。

　通常のクラスでの配慮指導でよく言われるのは「LDのある子どもを集団の中で配慮する指導は、クラス全体のわかりやすい指導につながる」ということです。クラスという集団の中での個別的配慮には限界があると思っている先生がいるならば、ぜひ、この言葉を思い返してください。

　「わからせたい」「できるようにしたい」という先生の気持ちが、そのまま子どもたちに伝わらないこともあります。でもその子に対する先生の熱い思いはやがてクラス全体に伝わっていきます。子ども同士が助け合う授業なども、こうしたクラス全体の雰囲気が反映しているのです。

　いろいろな子どもたちがいて、それぞれが大切にされながらしっかり学び育っていく、これこそが「インクルーシブ(一体化)教育」のほんとうの姿です。LDはそうした教育が地に足のついた教育として成熟していくかどうかの試金石かもしれません。

　多くの先生方と相談して書きあげたこの本が、先生方、保護者、学生の方々にとって、そして何よりも学びにくさをもったLDの子どもたちにとって大きな助けになってほしいと心から願うものです。

編者　上野一彦

もくじ

まえがき ……………………………………………………………………………………… 2
この本の使い方 ……………………………………………………………………………… 6

事例編

01 特定の音を聞き間違えやすい ……………………………………………………… 8
02 話の内容の一部分は理解しても全体の理解が弱い ……………………………… 10
03 筋道だてた話が苦手 ………………………………………………………………… 12
04 自分の意思を言葉で伝えることが苦手 …………………………………………… 14
05 集団の中だと話の内容が理解しにくい …………………………………………… 16
06 ひらがなの一部の読み書きが苦手 ………………………………………………… 18
07 漢字を読むのが苦手 ………………………………………………………………… 20
08 文章を拾い読みしたり、間違って音読したりする ……………………………… 22
09 読めても、単語や文章の意味が理解できない …………………………………… 24
10 文脈から気持ちや情景が読み取れない …………………………………………… 26
11 指示語や代名詞、慣用的な表現が理解できない ………………………………… 28
12 助詞の使い方や受動・能動表現の区別が苦手 …………………………………… 30
13 文字がうまく書けず、きちんとノートがとれない ……………………………… 32
14 漢字を書くのが苦手 ………………………………………………………………… 34
15 黒板の字をノートにうまく書き写せない ………………………………………… 36
16 計算をするときに指を使うくせが抜けない ……………………………………… 38
17 九九が覚えられない ………………………………………………………………… 40
18 筆算はできるが暗算が苦手 ………………………………………………………… 42
19 分数や小数の理解ができない ……………………………………………………… 44
20 図形を正しく描くことができない ………………………………………………… 46
21 時間の計算や単位の変換などが苦手 ……………………………………………… 48
22 計算は得意だが文章題ができない ………………………………………………… 50
23 表やグラフの読み取りがむずかしい ……………………………………………… 52
24 物事の手順を考えられない ………………………………………………………… 54
25 前後左右などが即座に答えられない ……………………………………………… 56

26	ロッカーなどの位置がなかなか覚えられない	58
27	学校で行くべき教室の場所がわからない	60
28	連想ゲームに答えられない　ダジャレが言えない	62
29	話し合いにうまく参加できない	64
30	現実とかけ離れた目標を目指し、心配しすぎる	66
31	学習用具がうまく使えない	68
32	自分の身体が器用に動かせない	70
33	ドッジボールやサッカーで動き方がわからない	72
34	家具や人にひんぱんにぶつかったり転んだりする	74
35	友だちとのトラブルが多い	76
36	複数人数の遊びを極端にいやがる	78
37	相手に近づき過ぎたり親密な行動をする	80
38	自信がなく、いつも自分を卑下する	82
39	友だちの物を勝手に使ってしまう	84
40	身辺整理が苦手で忘れ物や落し物が多い	86
41	直接関係のない相手に攻撃的言動をする	88

知識編

- LDの原因は何ですか？ …… 92
- LDの診断はどのようにされますか？ …… 93
- 心理検査でどのようなことがわかりますか？ …… 95
- LDと他の発達障害とはどのような関係にあるのですか？ …… 97
- LDの子どもはどのくらいいるのですか？ …… 99
- LDの子どもの発達を理解する上で大切なことは何ですか？ …… 100
- 発達障害者支援法について説明してください …… 102

教科別｜応援グッズ …… 104
国語・体育・算数・学校生活

あとがき …… 110

事例編

ここでは、LDの子どもに見られる特徴的な行動について、よくある場面・子どもの気持ち・よくない対応・よい対応に分けてイラストを中心に説明しています。子どもの気持ちを理解し、適切な支援を行なうために必要な視点が盛り込まれています。

01 特定の音を聞き間違えやすい

「デンシレンジ」を「レンシレンジ」、「……です」を「……れす」といったように、特定の音を間違えて表現する子どもがいます。話し言葉や作文にもそうした誤りが出ている子どもは、聞き取る段階でよく似た音をうまく区別できていないことが考えられます。

聴力に問題がある場合もありますが、聴力的には問題がないのにうまく聞き分けられない子、周りがざわざわしていると聞き分けがむずかしくなってしまう子、聞き分けはできているけれどもうまく発音できない子など、いろいろな状態が考えられます。

それぞれの子どものつまずきの原因をしっかり把握して、それに応じた適切な対応を考える必要があります。

よくある場面

話し言葉や作文で間違えてしまう

ぼくの気持ち

どっちなのかわからないよ

原因にはいろいろあります
- 聞き取りの段階でそう聞こえてしまっている
- 似た音を聞き分けることがむずかしい
- 聞き分けはできるが、うまく言うことができない

よくない対応

しっかり聞けと言われても／教室でみんなに笑われる

よい対応

1対1の場面で聞き取りの練習／例を示してあげる

本人の自信を失わせないやり方で

　教室の中で、おかしな発音や言葉遣いをする子どもに対して、「また間違った」「何度も言ってるのに……」などと注意をし続けると、自信を失ってしまい、しだいに話すこと自体をためらったり、自分の言いたいことが言えなくなったりします。他の子どもたちが見ている前では、正しく発音させることよりも、うまく聞き取ってあげて、話すことへの自信を失わせないようにすることが大切です。

　また並行して、1対1で個別指導ができる場面をもうけ、集中できる環境で練習するとよいでしょう。初めは対面して、顔を見ながら「でんち」「れんち」などよく似た音の言葉を言います。子どもはそれを聞いて2枚のカードから選びます。しだいに発音しているときの口を見せないで聞き取らせたり、長い文章でも聞き取ることができるように練習していきます。意欲的に取り組めるよう、上手にほめてあげましょう。

02 話の内容の一部分は理解しても全体の理解が弱い

「漢字の練習が終わった人は運動場に行って遊んでもいいよ」と言っているのに、与えられた課題もせず、すぐに運動場に飛び出そうとする子どもがいます。

話の内容が理解できていないわけではないのですが、文章のつながり具合が理解できなかったり、文の一部だけを聞き取ったりしてしまうことが原因になっているようです。

わかりやすく説明しようとして、話が長くなってしまうとよけいにわからなくなってしまうこともあります。

一度に多くのことを話さず、簡潔に話すことや、（ポイントとなる所を黒板に）箇条書きにしておくなど、話の内容が理解できるように工夫する必要があります。

よくある場面

「遊びに行っていいよ」って先生が言ったもん

- 話の一部分だけを聞いて動いてしまう
- 前後のつながり具合が理解できない

ぼくの気持ち

そんなこと聞いてないよ

えっ？ 遊びに行っていいんでしょ

問題とくなんて聞いてないよ

よい対応 1
することを箇条書きにしておく

文字に書いて残しておくと、
- 何をするのかわかりやすい
- 聞いたことを忘れてしまっても確かめることができる

よい対応 2
注意を促しやすい席に

要点をわかりやすく話すコツ column

　英語の苦手な人が、外国の人と話すときのことを想像すると理解しやすいと思いますが、言葉での指示や説明は一度聞き逃してしまったり、わからない単語が続いたりすると何を言っているのか理解できなくなってしまいます。また、聞いているときにはわかっていても、話が長くなってしまうと初めの方で言われたことを忘れてしまうというのもよくあることです。

　ですから、話す方は、自分が話す内容をよく考えて、要点をまとめてわかりやすく話すことが大切です。そのとき、身振り手振りを加えて説明したり、絵や図など、視覚的な情報を交えて話したりすると理解しやすくなります。

　また、すぐに忘れてしまう子どもや、聞き逃してしまいがちな子どもの場合には、話の要点を黒板にまとめたり、いまから実行する内容を箇条書きにしておいたりするなどの配慮が必要です。話をする前に間を取り、子どもたちの注目を集めてから話し出すのも大切です。

03 筋道だてた話が苦手

　話をするのが大好きで、次から次へと話をするのですが、思いついたことをそのまま話してしまうので、だらだらとまとまりのない話になってしまう子どもがいます。

　朝の会などで1分間スピーチをするときも、本人はとても楽しそうに話すのですが、話がとんでしまい、何を言いたいのかが周囲にうまく伝わりません。これは、いま話している内容や流れを把握しながら、話を構成していくことが苦手なためと考えられます。

　話がそれそうになったときにうまく誘導したり、あらかじめ話し方の手本を示すなど、筋道だてた話し方ができるように支援してあげる必要があります。また、その子に質問するときには、何について話して欲しいのかを具体的に伝えておくことも大切です。

よくある場面
何が言いたいのかわからないよ

- きのう、動物園に行きました
- おばあちゃんが「こらっ」ておこりました
- 観覧車に乗りました
- 何が言いたいんだろう？
- 思いつくままに話すので
  - まとまりがなく、内容が伝わりにくい
  - だらだらと長い話になる

わたしの気持ち
だってお話ししたいことがいっぱいあるんだもん

- つぎつぎ話したいことが浮かんでくるの
- あれも、あれも、あのことも話さなくっちゃ
- すごく楽しかったんだ

よくない対応
聞いていないと判断して責める

動物園のことを話しなさいって言っただろう。聞いてなかったの？

● 聞いていなかったわけではありません。そのことを話していたら、話したいほかのことがいっぱい出てきてしまったのです

よい対応
ひとつひとつ聞いてあげる

❶昨日どこへ行ったの？
❷動物園に行ったよ
❸どんな動物がいたかな？
❹大きなゾウがいたよ
❺ほかには、何がいたかな？
❻コアラもいたよ

整理して話す練習法 column

　これから話そうとする内容を整理して話すことは、誰にとってもたいへんむずかしいことです。あらかじめこれから話す内容を考え、初めに話すこと、次に話すこととメモにまとめてから話すことができればよいのですが、毎回準備万端、順序立てた話をするのはむずかしいことです。

　特に、だらだらとまとまりなく話してしまう子どもが、みんなの前で話すときには、「今日は○○について話します」と具体的に内容を絞って話をさせたり、「△△だったんですね」とその都度、先生がまとめることが必要になります。

　また、話し方をあらかじめ設定しておいたスタイルに従って話す練習をしたり、時間内に話をまとめる練習をしたりするのもよいでしょう。高学年の子どもであれば、本人のスピーチを録音しておいて、聞き直させたり、一緒に聞き直したりしながらよい話し方を考えるといった方法も効果的です。

04 自分の意思を言葉で伝えることが苦手

何かを話そうとしているのに、「えっと何だっけ、あれ、あれ」とうまく言葉が思い出せなくてつまってしまう。単語や短い言葉でしか話すことができない。助詞の使い方がおかしいために、内容が正確に伝わらない。などの理由で、自分の意思をうまく伝えることができない子どもたちがいます。

日常のとりとめのない話をしているときには特に問題は起こりませんが、子どもどうしでトラブルがあったときなど、何が原因でもめていたのか、どちらが先に手を出したのかなど大切な事実関係が伝わらないことがあります。本人の意図や気持ちとは違う内容が伝わり、うそをついたと勘違いされることもあります。

そのときの様子や、言いたいことをじっくりていねいに聞き取り、ときには言いたいことを推定して質問することが必要です。

よくある場面

言葉が思い出せない／うまく伝えられない

- 言葉が思い出せなくてつまってしまう
- 間違った助詞の使い方をするので内容が正確に伝わらない
- 単語や短い言葉でしか話せない

ぼくの気持ち

ぼくが言いたいことは……

よくない対応
注意されても

● どう言えばよいのかがわからなかったり、言葉が思い出せなくて困っているのですから、いくら注意されてもどうしようもありません

よい対応
選択肢を与える

内容をひとつひとつ確認しながら聞いてあげる

column

　話している途中で言葉が思い出せなくてつまってしまう子や、助詞がうまく使えないために、言いたいことがよくわからない子どもに対して、「ちゃんと話しなさい」「早く話しなさい」とつい注意してしまいがちです。しかし、自分の言いたいことがわかってもらえなかった子どもの中には「もういいよ」と話の途中でやめてしまったり、「どうせ聞いてくれないんだから」と話をしたがらなくなったりしてしまう子もいるので気をつけなければいけません。
　「○○のことかな？」と思い出せない言葉を示したり、「△△かな、それとも××かな」と言いたかったことを確かめたりしながらじっくり話を聞く姿勢が大切です。また助詞の使い方の苦手な子の場合、友だちとトラブルがあっても、内容が正確に伝わらないことがあるので、「誰が」「どうした」など事実関係を確かめる必要があります。

05 集団の中だと話の内容が理解しにくい

　1対1で話すときには聞き取れているのに、全体に指示を出すときは、話の内容がうまく聞き取れない子どもがいます。話に集中できなくてわからない子、一生懸命に聞いているのに聞きもらしてしまう子、何度も聞き返したり、質問したりする子など、一人ひとり理解の困難さの状態はさまざまです。

　これは、集団の中にいると集中力が持続しなかったり、周りの音から先生の声だけをひろいにくい。長い話やこみいった話になると途中で内容を忘れてしまう。などが原因として考えられます。

　話をする前には、少し間を取り、子どもたちの注目を集めてからわかりやすく話す。話した内容を箇条書きにまとめておくなど、その子のつまずきに応じて適切に対応することが必要です。

よくある場面
みんなへの指示が通りにくい

- 集中できないために話が聞き取れない
- 途中で話の内容を忘れてしまった
- 意味がわからない単語が出てきてしまった

ぼくの気持ち
ケンザンってなんのことかな

よい対応1
話すときは、注目させてからわかりやすく

よい対応2
みんなに話し終わってから個人的に説明する

理解できていない子どもがいないか確認しながら話す column

　幼稚園や保育園のような場所では、小さな子どもにもわかる言葉で、簡潔に要点をまとめて話をするなど、いろいろな工夫をしています。子どもたちの注目を集めるために人形を使ったり、紙芝居のように絵を使ったりもします。

　子どもたちは大きくなるに従って語彙も増えていくので長い話やむずかしい話も聞き取ることができるようになっていきますが、なかには、先生の話が理解できなくてこまっている子どもがいます。そんな子どもがいることを常に頭において話してあげることが大切です。

　また、子ども朝会などで大勢の子どもたちが集まって話を聞くときには、たくさんの刺激があるため少人数のときよりもさらに聞き取りがむずかしくなってしまいます。なかには、ごそごそ動いてしまったり、隣の子どもと話を始めてしまったりして話に集中できない子どもたちもいます。子どもたちが話を十分理解できたかどうか、確認しながら話すようにしましょう。

06 ひらがなの一部の読み書きが苦手

　口に出して言うときには「今日の給食は、カレーうどんです」とはっきり言えるのですが、文字にすると「きよのきうしおく」「かーれうど」となっていたりして、正しく書けない子がいます。
　書いたひらがなが裏返しになっていたり、形の似た文字が混同していたりしていることもあります。
　読むときも「る」を「ろ」と読んだり、「ち」と「さ」を読み間違うなど似た形の文字が混同したりすることがあります。
　その場で指摘すると、直すことができるのですが、何度も注意されたり、友だちに笑われたりすると自信をなくしてしまいます。
　間違いやすい文字は見ながら書けるように見本を示したり、誰かが間違ってもからかったりしないクラスの雰囲気づくりが大切です。

よくある場面

ひらがなが書けなくてあせってしまう

- 「っ」や「ぎゃ」、「ん」などを聞いて文字に書き表せない
- 形の似た文字を混同してしまう
- ひらがなを裏返しに書いてしまう
- 文字を思い出している間に話が進んでしまい、わからなくなってしまう

わたしの気持ち

え？　え？　わかんない、どう書けばいいの？

よくない対応

書けない・読み間違っていることだけを注意すると

- ●書くのも、読むのもイヤという気持ちになります
- ●「どうせ自分はだめなんだ」と思ってしまいます

よい対応

安心して読んだり書いたりできる環境づくり

- ●思い出させるのではなく、見て書ける工夫をする
- ●声に出しながら書いてみる
- ●間違っても笑ったり、ひやかしたりしない「失敗しても大丈夫」な環境づくりを

クラスの子にも有効な五十音表

　正しく書くように注意したり叱責したりすることは、効果がないばかりか子どもの自信を失わせ、やる気をなくさせてしまいます。形の似た字を混同してしまうのは、文字の形をとらえる力や記憶する力が弱いのだと考えられます。拗音や長音、撥音が抜けたり間違って書いてしまったりするのは、文字の表す音と文字を結びつけて覚えるのが苦手なためだと言われています。

　絵のついたひらがな五十音表を使ったり、4分割の点線が入ったマスに書かれたひらがなカードを用意したりします。ひらがなを構成する部分を確認することができます。その子の席の近くや、教室壁面の両方に絵入りの五十音の表をはっておけば、その子もみんなもそれをヒントに書くことができます。また、拗音や撥音などは、書く前に先生が〈「しゅくだい」の「しゅ」は「し」と小さい「ゆ」だったね。〉と皆に語りかけたり、〈「ぬ」は「め」をくるん〉など異なるところを意識した合い言葉を全員で言ったりします。その子のやりにくさを補う方法は、ほかの子どもにも正しく書くためのヒントとなります。

07 漢字を読むのが苦手

やる気満々で音読に手を挙げたのに、漢字のところで、「えぇっと……」とつかえてしまう子がいます。読めなかったり、いくつもの読み方が頭に浮かんでどの読み方がいいのかわからなくなってしまったりするようです。

また、「矢」と「失」のように、同じような形の文字があると混同して読み間違ってしまうこともあります。

漢字の読みがむずかしいのは、ひとつの漢字に音読みや訓読みのほかに、雨具の雨や木立の木のように、語が複合するときに「あめ→あま」「き→こ」のように音韻の変化が起こることで読み方が変わることにもよります。

周りの子どもに間違ったことをしかったり笑ったりしないように教え、その場で読みをみんなで確認していくようにします。

よくある場面
読み方がたくさんありすぎて

また間違えているわ。漢字のところにくると間違えちゃうのは練習がたりないせいかしら

そらをみ うえまし… うえ？じょう？あげ？… えーと

ちがうよ

みうえ？

わたしの気持ち
笑わないで教えてよ……

恥ずかしい。読まなきゃよかった……

うえって読むはずなのに

だれか教えてよ

よい対応 1
みんなで復習のきっかけに

- まず先生がお手本を読む
- イメージと漢字をむすびつける
- ふりがなをふる

よい対応 2
漢字クイズで楽しく学ぶ

- 繰り返し漢字に親しめる機会を
- クラスのみんなと一緒に行なう

column
個別の支援が自信につながる

　漢字を読むのが苦手な子は、音読だけでなく黙読でもわからない漢字をとばして読んでしまうので、文章全体の意味もわからなくなってしまうことがあります。クラスでは、先生が始めにお手本読みをし、次に先生の後に続けて読むなど、漢字の読みを確認できると苦手な子も安心して学習に取り組めます。個別の支援としては、あらかじめ、漢字にひらがなをふっておいたり、家庭で、一緒に読んだりしておくとよいでしょう。個別の支援は自信につながります。

　しかし、LDでなくても漢字の読み方を迷ったり間違ったりする子どもたちはクラスにもいます。「間違ってもだいじょうぶ、一緒に勉強しよう」という雰囲気がクラスにあれば、その結果、間違った子を笑ったり、その結果間違った子が自信をなくし、やる気を失ったりすることを防げます。

　クラスの子どもたちと漢字の読み方を楽しく覚える機会をつくり、みんなと一緒に学ぶ楽しさを、どの子も感じられるようにしたいものです。それが、いろいろな苦手があっても認め合えるクラスづくりに役立ちます。

08 文章を拾い読みしたり、間違って音読したりする

普段は、友だちと流暢に滞りなく話しているのに、教科書の音読になると、たどたどしくなってしまう子がいます。

本人は一生懸命、本を見ているのですが、文字の適切な読み方がすぐに浮かばないことや、一文字一文字、目で字が追えないことが原因になって、言葉のまとまりとして読めなかったり、行をとばしてしまったり、また同じ所を何度も読んだり、文末を読み替えて読んでしまったりします。文章として読めないことで、文全体の意味を読みとることも苦手になります。

本人は正しく読んでいるつもりなので、そのたびに注意されると音読することをいやがるようになってしまいます。読み方や教科書に工夫をするなど、その子に合った読みにくさを助ける支援が必要です。

よくある場面

どうしてすらすら読めないの？

- 本人は一生懸命なので、できない自分に自信をなくしてしまう
- どうしたらよいのか具体的にわかるような指示が必要

わたしの気持ち

もう、読みたくない

よい対応1

一文をゆっくり交代読みして自信をつけて

- 植物はどうやって水分をすいあげているのでしょう
- すいぶんをすいあげるひみつは、しょくぶつのねにあるのです

- ●最初は列ごとなどで読む
- ●徐々に人数を少なくし、成功体験を重ね自信をもたせる

よい対応2

読みやすいように教科書に工夫を

すいぶんを
すいあげる
ひみつは……

● 文字を追って行が読めるようなスケールを使わせる

- あ、これは植物が育っていく話なんだ
- ゆっくり正しく読めたね

- ●あらかじめ話の内容がわかっていると見通しがもて、間違いがへる
- ●読み方のよかったところを具体的にほめて自信につなげる

column
デージー図書を活用する

　文章を拾い読みしたり間違って音読したりする子どもには、個別の指導で目の動かし方の練習や、あらかじめ音読にふれておくためにデージー図書などの利用も有効です。デージー図書とは、パソコンで本を再生するマルチメディア図書です。文字が音声で読み上げられ、それを聞きながら、文字や画像を見ることができます。読み上げられる部分の文字はハイライトされています（日本障害者リハビリテーション協会より）。

　音読するときは、まず担任が読んでから子どもたち全員がその後について読む、担任の合図で子どもたちだけで一文ずつ読む、列ごとに読むなど段階を踏んで読みに慣れることができるようにします。読みたい行になったら立って読む音読や指名なしでの音読などにも挑戦してみましょう。

　また音読の宿題を出すときには、家庭にも協力を仰ぎます。親と子で一緒に読む、交代に読む、少しずつ内容を確認しながら読む、などの方法を教え、読みが苦手なことからくる読解の困難を助けたり、楽しく音読に取り組める機会を作ります。

09 読めても、単語や文章の意味が理解できない

教科書の音読やテスト問題を読むことができても、内容を理解できないために、どう解答してよいかわからない子がいます。

これらは、読むときに字面だけを追ってしまい、読みながら意味を読み取ることがむずかしい、文中の言葉の概念が浅く正しい意味を思い出しにくい、文中の単語や音節間、文と文との関連を正しく位置づけて理解することができないことなどが原因として考えられます。

このままだと文章を理解することの困難さから自信を失い、学習活動全体に大きな影響を与えかねません。

そこで、一度に読む文章量を減らしたり、日常的に単語の意味を深めたり、文章の意味を理解しやすくするためのさまざまな工夫が必要になります。

よくある場面
読むことばかりに気をとられて

- 上手に読めたね。では質問しますよ。主人公は何をしたのでしょう？
- う〜ん………？
- いま、自分で読んだじゃん

- 自分で読んでいながら、質問に答えられない
- 読んでも意味がはっきりわからない
- 間違いとは言えないけれど、ずれた答えをしてしまう
- 読むことがきらい

ぼくの気持ち
ぼくだって一生懸命読んだんだ

- うまく読もうとしたから、意味まではむりだよ……
- たくさん書いてあって、何がどうなのかわからないよ
- 読んでるとき廊下の音が気になったんだ
- 言葉の意味がよくわかんない

よい対応1
興味がある物や読み慣れた文章を読ませる

> ……カブトムシのエサは、スイカの皮を……

- ●教師が範読をしたり、事前に読む練習をさせて十分馴染ませてから読ませる
- ●短文読みから長文読みへステップアップさせる
- ●絵本やイラスト入りの文章に親しませる
- ●さまざまな言い方の用例や説明を加えて言葉の概念を深める

よい対応2
キーワードに印をつけたり図表を用いて視覚化する

問題文
昨日、先生は「あさっての算数の時間はコンパスを持ってきましょう」
と言いました。
　今日は10日です。みほさんは今日買いに行くことにしました。
　コンパスを持って行くのは何日ですか。

- ●キーワードや大事な個所にマーカーを入れて意識しやすくする
- ●大事な個所を線で結んだり矢印や番号をふって内容を関連づける書き込みをする
- ●余白やメモ用紙を使って、文章内容にそってイラストであらわしていく

言葉をイメージ化する支援を *column*

　「読む」活動は、ひとつの能力だけではなくさまざまな働きに支えられて成り立っています。例えば、落ち着かない心理状態のときや、専門用語が多い文章を読むときを想像してみてください。読めるからといって、けっして正しく意味を理解しているとは限りません。

　そんなときは、文章の意味をイメージしやすくする工夫が大切です。教師が手本として子どもに読んで聞かせると、読むことの心理的負担が減ります。また、興味のある文章は子どもの集中力を高めます。さらに、文中の微妙な言い回しや、文脈と単語の関係によって意味が変わる文章には、書き込みや図解メモが視覚的な効果を与え、意味をイメージしやすくします。

　言葉は日常生活や読書から自然に獲得されるもので、辞書を引いて理解することはごくわずかです。言葉の概念が弱い子どもの場合、言葉の中心的な意味よりも周辺の意味が強調されて理解していたり、間違った意味で覚えていることもあります。指導にあたっては、どのように言葉を理解しているかに目を向けることも大切です。

⑩ 文脈から気持ちや情景が読み取れない

　具体的な物の説明なら理解できるのに、抽象的な文章になると読み取れない子どもがいます。

　特に人の気持ちや周りの雰囲気は抽象的なものなので、言葉で表記されても意味がつかみにくく、さらにいくつかの言葉を関連させて気持ちや情景をイメージしなければならないので、読み取ることがむずかしいと考えられます。

　私たちは、人と関わる中でその気持ちに触れながら言葉にしたり、本を読んでさまざまな例を学びながら言葉の概念を獲得していきます。

　文中に直接表れない気持ちや情景の理解には、気持ちや情景に関連する言葉を文中からさがし、それらを組み合わせながら具体化していく中で読み取る学習が効果的です。該当する言葉をマークし、言葉への注目を高める工夫も有効です。

よくある場面
解釈がずれてる？

なおと君は朝、どういう気持ちだったかな？

はい、うっかりしていたと思います

★音読文★なおと君は、学校で友だちとけんかをして泣きました。そのため、家に帰っても宿題も手につきません。さらに、お母さんにも怒られてしまいました。
　つぎの朝、めざましがなっても、起きたい気持ちになれず、目覚ましを止めてしばらくふとんの中にいました。

ハハハハ…

ぼくの気持ち
なんでみんなは笑うのかな？

朝起きられないのは、うっかりして目覚ましを止めたからでしょ

ぼくもそういうことがあったよ

ちゃんと答えたのに、どうしてみんな笑うの？

- 文章の中にイメージしやすい言葉としにくい言葉がある
- 言葉の周辺の意味を加えて理解をした
- 様子を関連づけてイメージするのが苦手

よい対応 1

気持ちの言葉をさがそう

- この文章の中でどこがなおと君の気持ちを表しているかな
- なおと君は、さらにお母さん起きたい気持ちになりました。
- うーん……起きたい気持ちにならなかったとこ？
- そうだね

- 気持ちや様子に関係する言葉に線を引いて注目させる
- 気持ちや様子の言葉を使って、いくつか例文をつくる

よい対応 2

体験と結びつけて気持ちの言葉を考える

- ケンカをしたり、お母さんに怒られた次の朝、起きたくないのはどんな気持ち？
  眠たくてもっと寝ていたいのかな？
  それとも、学校に行きたくなくて起きたくないのかな？
- わたしも同じことあったよ
- いやなことがあったから、学校に行きたくないんだ

- 読み取った気持ちをまとめて考えてみる
- 教師のあげた候補から、近い気持ちを選ぶこともよい
- 自分が言葉と同じ気持ちになったときのことを思い出させる

advice

理解しやすい言葉と理解しにくい言葉

　言葉にもいろいろな種類があり、一般的に物の名前や目に見えるものはわかりやすく、抽象的で気持ちや様子を表す言葉は理解しにくく、使える言葉と使いにくい言葉があって一様ではありません。また、興味関心や生まれ育ってきた環境で、その子がどういう意味でその言葉を使っているかも一人ひとり微妙に異なっていることもあります。同じ文章を読んでも、異なったニュアンスで理解されていると感じることはけっして少なくないなと思います。

　今回の例も、文章全体を前日と朝とで別々の話にとらえられてしまったことや、個人的な経験である、寝坊で目覚ましを止めたことが、強く解釈に影響を与えてしまったと推測できます。言語活動に大きな偏りをもつLDの子どもの指導においては、どういう意味でその言葉を使ったか、あるいはそう表現したか、本人に説明を求めたり、「それはこういった意味で言ったのかな？　それとも……」と選択肢を与えて明示化したりするなど、特異な表現の背景をしっかり見極めた支援をしていくことが大切です。

⑪ 指示語や代名詞、慣用的な表現が理解できない

代名詞や「こそあど言葉」は便利なので多用しがちです。しかしこうした言葉を読んだり聞いたりすると、うまく理解できない子どもがいます。

「わたし、あなた」とか「あれ、これ」「さきほど、いまの」という言葉は、それが誰のことか、なんのこと、いつのことであるかは、使用する状況や他の言葉との関連の中で解釈する必要があり、その時々で、意味が変化するからです。

また、「ケーキに目がない」「目を丸くする」などの慣用的な言葉の意味を理解するためには、用いられるようになったエピソードや体験的な意味があるので、知識や体験が必要になります。

言葉の意味を理解させるには、具体的な言葉に言い換えたり、指示語の示す物を目の前に提示したりする、また言葉の成り立ちを改めて説明する配慮が大切です。

よくある場面
さっきと同じ？

- 他の子どもは、先生の言葉から思い当たることを推察し取り組み始める
- 「さっき」がいつのことなのか正確に判断できない

（先生）さっきと同じようにこの問題をやってみましょう
（子ども）さっきと同じって、どれのこと？

ぼくの気持ち
えっ！ なんのことなの？

さっき定規を使って線を引いたけど……
線や円にアルファベットの目印もつけたよなぁ〜

なんだろう？
忘れちゃったよ〜

- 聞いていなかったわけではないが、思い当たることがいろいろあってこまってしまう
- わからないので、とても焦ってしまう

よくない対応
勉強への態度を指導すると

どうしたんだ。さっきの話を聞いていなかったのか！ちゃんと聞いていないからわからないんだぞ

どうしよう、できないよ

ちょっと！がたがたさせないでくれる

わからないのは聞く態度に原因があると考えてしまうと、勝手な行動をしないように戒める指導をしてしまいがちです。しかし子どもは指示の意味をうまく理解できない、答えを絞りきれない、または解答することをあきらめてしまっているのです

よい対応
具体的に説明をする

さきほどやった問題1と同じように、定規をあてて、線を引いて考えてみよう

問題1だな。これならぼくもできるぞ！

- 指示語や代名詞を使った指示の後には、具体的な指示の内容を復唱する
- 安心して考えられる雰囲気作りと時間的ゆとりを授業に取り入れる

「子どもが何をわかっていないか」を理解する

　指示語や代名詞は、文脈やその場の雰囲気、あるいは誰が主体か客体かによっても、指し示す対象が変わってきます。それがLDの子どもにはわかりにくく、うまく文章や話が理解できない原因になっています。その場合、指示や連絡の後、端的で具体的な表現で言い換えたり、言葉を補足することによってはっきりと理解することが可能です。また、慣用的な言い方の場合は、言葉の成り立ちを説明したり、「目を丸くする」という場合のように、実際に演じさせながら近い気持ちをさがさせるなど、具体的な体験をさせることも効果的です。
　また、授業中イライラしたり落ち着かないのは、学習に関心がないことだけが原因とは言い切れません。教師の指示や設問から、目的がわからず見通しがもてないために不安な場合があります。聞いていなかっただけではなく、指示の意味が理解できないこともあります。その状態が続くと、自己イメージを下げ、学習ぎらいになることもありますので、子どもが何にこまっているのかを明らかにして取り組むことが大切です。

⑫ 助詞の使い方や受動・能動表現の区別が苦手

　犬が猫を追いかける場面を見て状況を説明するとき、そこに犬と猫がいることは表現できても、主体をどちらに置くかがわからなかったり、2匹の関係を正しく表現できない子がいます。
　このようなとき、「犬、猫、追いかけている」のように言っても、ある程度は伝えることができます。しかし、助詞や文の言い回しを誤ると「猫が犬を追いかけている」という異なった意味になってしまいます。
　また、長く話すほど主体客体の立場もあやふやになり、自分の思いを正しく伝えられなくなります。その結果、コミュニケーションでのストレスを感じたり、相手の誤解を招いたり、自信をなくして、人との良好な関係を維持できなくなってしまうこともあります。

よくある場面
だれが何をしたの？

「えっ？だれが悪口を言ったの？」

「先生、みえちゃんが、わたしが悪口を言われた～」

自分が友だちから悪口を言われたことを先生に訴えたいのですが、助詞と受動・能動の表現が適当でないため、誰が誰に悪口を言われているのか、先生には理解しにくいのです

わたしの気持ち
うまく言えないよ……

「わたしは、ちゃんと言っているつもりなのに、先生に伝わらない…先生、わかってよ…」

よい対応 1
正しい言い方で、簡単にまとめる

- 興奮した状態なので、気持ちを落ち着かせる
- 「誰が言ったの？」「言われたのは誰？」のように、助詞や表現を強調しながら、状況を端的な言葉で整理しながら聞き直す
- 状況がわかったら、正しい言い方でゆっくり言い直して確認をする

よい対応 2
正しい助詞の使い方に慣れる

- ペープサートなどを利用し、「主、客」の立場からの言い回しを実演しながら慣れさせる
- 正しい言い回しを耳になじませて、「へんだな」という感覚を養う
- 単語の語尾カードや助詞のカードなどを使用し、正しいカードを選択し、注目させる

助詞の使い方や言い回しに慣れる *column*

　助詞の使い方や語尾の変化は、日常的な会話や読書の経験から慣れ親しみながら学んでいきます。「犬」や「猫」などの名詞に比べ、助詞はあまり意識しなくても通じることもあり、相手の発問にオウム返しで返答してしまい、主・客の立場に注意しないことや、受動・能動の使い分けをはっきりと区別できないケースがあります。

　助詞や受動態の学習には、イラストや具体物を机の上に用意して、助詞や語尾の部分を空欄にした穴埋めプリントや、単語カードを組み合わせてその間に適切な助詞カードを選ばせる学習が見落としがちな言葉への注意力を高めます。主・客を逆にして、同じ意味の文章を作文するなど、十分に助詞や語尾の言い回しを意識させながらトレーニングし、文章を読んだり会話で違和感のある表現に気づかせる力をつける学習が有効です。

13 文字がうまく書けず、きちんとノートがとれない

日常会話や指示理解、さまざまな学習場面での様子に比べて、文字やイラスト、図を書くことが特に苦手な子がいます。例えば、バランスのとれた文字や絵が書けない、文字の大きさもそろわず、ノートの枠や罫線にも収まらない。

また、文字を覚えることが苦手で、書くことに時間がかかることもあります。そのため、文字を書くことを苦痛に感じ、漢字の書き取りや作文などを極端にいやがるケースもあります。

思いどおりに書けない背景には、文字の形を正しくとらえて記憶することができない、目と手の協応運動の困難さや不器用さなど、さまざまなことが考えられます。

反復練習をするだけではできるようになりません。子どものこまっている背景を把握し、それらに応じた対応が必要です。

よくある場面
書く学習になると取り組もうとせず、ノートが乱雑

- 黒板をよく見て、ノートに書きましょう
- あれ〜、きたない字だなぁ〜
- ぼく、つまんないな〜

● いつもはがんばり屋で学習しているのに、ノートは乱雑で文字が読めない
● プリントなど、書く学習をいやがるようになる
● 授業中も落ち着きがなくなって、周りにちょっかいを出すことがある

ぼくの気持ち
文字がうまく書けないんだよ

- いつも間違えちゃうんだ
- この漢字どうなってるの！？
- 早く書かないと消されちゃう！
- 書いているとどんどん枠からはみ出ちゃう

よくない対応
たくさん書いて練習してこよう

- 字の形を覚えられるよう、もう1枚、字の練習をしてきましょう
- え〜！こんなにたくさん……

● 見え方につまずきがあったり不器用さがある子には、文字を1文字書くのにもたいへんなストレスがかかります。そのため、やる気をなくしたり、文字や作文などを極端にきらう原因となることがあります

よい対応
文字の特徴をわかりやすく、漢字は部首ごとに分けて

- さあ、「漢」という文字を書いてみて
- よし、がんばるぞ

● 漢字は部首ごとにマーカーで色分けしてなぞらせる
● 1マスの中を部首ごとに区切り、位置や大きさのバランスが取れるようにする
● 見本を手元に置いて書き写す

覚えさせるのではなく、見え方の配慮を

　板書の文字は見えているのに、上下左右の位置、斜線や曲線の認識など、文字の特徴や構造を正しく認識できないために、正しくノートに書き写せないでいることがあります。そのため、同じような文字の判別も困難であったり、鏡文字やバランスの悪い文字になっています。たとえれば、だまし絵や隠し絵のようなトリック絵を見て、本当の状態が見抜けないのと同じです。

　ですから、やみくもに反復学習をさせては逆効果で、正しく文字をとらえ、バランスよく書くための拠り所となる支援が大切です。文字の一部を色分けしたり、マスに補助線を加えるのも大切な支援です。むやみに反復学習をさせては、書く学習全体の意欲を低下させることになりかねません。書くことが苦手でも、作文が嫌いなわけではないのです。

　最近、パソコンを授業で活用することが多くなってきました。苦手な文字を書かせることにこだわらず、パソコンで打つことも試みて、表現する楽しさを失わせないようにする配慮が大切です。

⑭ 漢字を書くのが苦手

何回練習しても、へんとつくりが逆になってしまったり、バランスが悪く枠からはみ出したり、書き順が違ったりする子どもがいます。また同じ音の漢字が混同してしまったり、似ている漢字を取り違えたりして意味にあった正しい漢字を書くことがなかなかできません。

書くたびに間違いを指摘されたり何回も練習する宿題が増えると、すっかり漢字ぎらいになってしまうことがあります。

漢字を書くことが苦手な原因としては、形をとらえる力や、見てとらえたものを記憶する力が弱いことや、覚えたことを鉛筆を持って書くという動作につなげられないこと、意味と文字を結びつけて覚えられないことや、細かいところを書くための手指の器用さが育っていないことなどがあげられます。

よくある場面
何回やっても間違えるなあ

「間違ったところは20回練習してきなさい」

「きのう、勉強したんですけど……」

- ただたくさん書くことだけを強いても覚えられないばかりか、漢字ぎらいになってしまう
- 自分はだめだと思ってしまう

わたしの気持ち
練習してもわからなくなっちゃうんだ

「きのうの夜は書けたのに……がっ、がっ……」

よい対応 1
新出漢字は、学級で練習パターンをつくって

学校の学「がっ」はひとつの漢字のときは「がく」って読むんだよ

お手本を指でなぞって
↓
お手本をみながらかいて
↓
一人でかいて

じゃあ、一緒に書いてみましょう
いーち
にーい

じゃあ、これも読んでみよう

よい対応 2
成りたちの絵や語呂あわせで印象づける

目は目の形からできたから真ん中が2本。
日は太陽だから真ん中が1本ね

ひとは
ひだりがながい

漢字が書けるように、いろいろな方法を使う column

　漢字がなかなか書けない子には、やりにくさの原因にあった支援が必要です。字を書く筆先を、目が追えているか、手先の巧緻性によるものなのか、空間認知の力はどうか、などを考えた個別の支援が必要となることもありますが、みんなと一緒にクラスでできることもたくさんあります。

　漢字を書くときには、見て、覚えて、思い出して、書くというそれぞれの働きによっています。それらのやりにくさを助けるために、大きめのお手本を用意する。近くにお手本を置く。「よこ・たて、よこ」などと声に出し、空中に体全体で大書きする、お手本の文字をなぞりながら書くなど、いろいろな感覚を使うことも有効です。漢字の同音異義語はクラスの子どもたちも間違えやすいものです。クラスで漢字の語呂合わせ（「土ロソいちロー」は「喜ぶ」）や、「人が木の横でするのは、なんだ？→答えは 『休む』」のようなクイズを取り上げ、漢字に親しみをもたせ、書けた、覚えたという成就感をもたせることや、覚えた漢字を使う機会を作り、忘れにくくする工夫も大切です。

聞く・話すことの困難

読み書きの困難

計算の困難

推論する困難

その他の困難

35

⑮ 黒板の字をノートにうまく書き写せない

　黒板をみんなと同じ速さで書き写せない子どもがいます。また、黒板の内容をノートに書いていてもバラバラに書いてしまい、どこに何が書かれているのか自分でもわからなくなってしまうこともあります。まごまごしているうちに、先生の次の指示や説明があると、それについていけずに勉強がわからなくなる原因になります。

　そのような子の中には、見た文字を覚えていられずへんやつくりが混乱した字を書いてしまったり、言葉として覚えていられずに1文字1文字写したり、黒板とノートの双方に目を動かし書いている場所に焦点を合わせにくかったりすることなどが原因となっている場合もあります。その子に配慮した板書を心がけ、書き写し方への支援が必要となります。

よくある場面
どこ見て書いてるの？

- 見た文字を覚えていられない場合もある
- 黒板とノートの視点移動がうまくできない
- 黒板にはたくさん書かれていてどこを書いたらいいかがわからない

ぼくの気持ち
もうちょっと待ってよ！

どこ書いてたんだっけ？わからない！

えっと……あさ（朝）ってどう書くんだっけ

待ってよ！ぼくだって一生懸命だよ！

よくない対応

書くところに集中できないと

「キョロキョロしないで早く書きなさい」

「もうやだ〜」

- 気が散る物があるとどこを書いていたのかわからなくなってしまう
- 早く早くと言われると、がんばっていた気持ちがわかってもらえなくてやる気がなくなる

よい対応

具体的に取り組める工夫を

「これを見て書いてね。ここから書けばいいのよ」

「いま、ここを書きましょう」

- 写す場所をマークや囲い線で具体的に示す
- 視線を動かすのが苦手な子には、そばに板書と同じことを書いたメモを置く
- 書けたことをほめる

---

column 書き写しやすくするための工夫

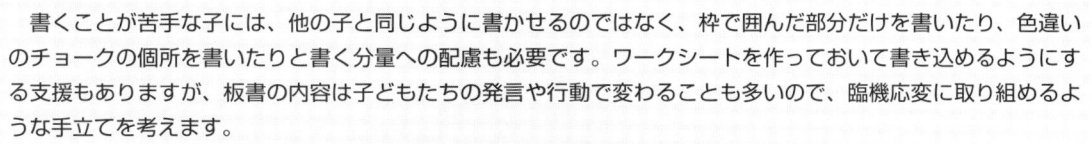

　書くことが苦手な子には、他の子と同じように書かせるのではなく、枠で囲んだ部分だけを書いたり、色違いのチョークの個所を書いたりと書く分量への配慮も必要です。ワークシートを作っておいて書き込めるようにする支援もありますが、板書の内容は子どもたちの発言や行動で変わることも多いので、臨機応変に取り組めるような手立てを考えます。

　黒板とノートを交互に見て書くことにやりにくさがあるときは、子どものノートと同じノートを先生が持ち歩き、板書をそれに書き、見やすいようにその子の机に置いたり、途中まで書いて続きを書けばいいようにする配慮もできます。また座席を黒板に近いところや、その子の書きやすい場所に配置するようにします。画数の多い漢字などは大きく書く、取り出して書くなども他の子にもわかりやすい支援です。黒板ではなくホワイトボードを使ったり、蛍光色で見やすいチョークを使ったりと見やすさにも配慮します。字が下手でも雑でも、書けたことをほめてあげることも大切です。

⑯ 計算をするときに指を使うくせが抜けない

　学年が上がっていっても、指を使わないと計算できない子どもがいます。周囲にわからないように机の下でそっと指を使っていたりします。
　このようになってしまうのは、抽象的に考えることがむずかしいことや数量概念が未熟であることが考えられます。計算の意味はわからなくても、機械的に指の操作で計算していくのです。そのような子どもにとっては、指は一番便利な手段です。

　指を使うことを止めさせるよりも、サイコロや身近なものを使った具体物の操作や視覚的手がかりなどを通してその原因である数量概念を育てていきながら、もっといい方法があることに気づかせていくことが大切です。数量概念が育っていくことで、算数の基本的な力が身についてきます。

よくある場面
先生の指を貸して！

1・2・3……
指が足りない！
先生、指を貸して

12 + 9 = □

まだ指使ってるの～!?

ぼくの気持ち
大きい数字はむずかしいよ

頭の中で計算なんて無理だよ

みんなは指を使わないでどうして計算できるのかなあ

よい対応 1

数量概念を育てよう

★すごろく　　　　　　　　　　　　　★フラッシュカード

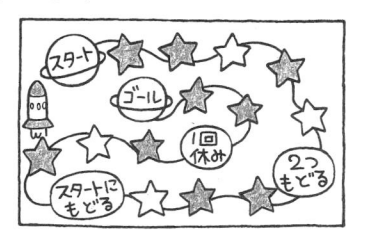

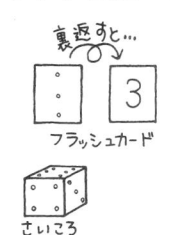

- 量概念がうまく獲得されない要因として、同時処理能力の弱さが考えられるので一目で数を量としてとらえられるように、フラッシュカードやさいころで練習する
- すごろくは、子どもの興味のあるものを使って作るとよい
- すごろくに使うさいころの目は子どもの実態に応じて、数、絵、ドットと変えていくとよい

よい対応 2

数ものさしを使ってみよう

紙に0から10までの整数を書いた「数ものさし」をつくる。

- 数の大小、順序関係など抽象的な数を視覚的・直感的にとらえられる便利なツールで、足し算や引き算の手がかりとして活用できる

column

まさに一石二鳥！

　よい対応2で紹介した数ものさしは、今後、学年が進むことで数直線としての見方も広がっていき、小数・分数の数直線、負の数の数直線というように発展していくので、数理解のための重要なツールとなります。数の大小、順序関係など抽象的な数を視覚的・直感的にとらえられるので、おすすめです。短期記憶の苦手な子どもには、数ものさしを2本使ってもよいでしょう。

　数の認識を深めるには、数の概念はとても大切です。例えば「8」という数を見て、どんなイメージをもてるでしょうか。友だちが8人いる、タコの足が8本あるといった具体的な存在を思い浮かべたり、計算に関しては、4×2、5＋3と考えたりできるでしょうか。こうした数に対する豊富なイメージ、つまり数の観念があれば、日常生活のさまざまな場面で生きた数として使うことができるのです。ゲームや遊びを通して、楽しく数の観念、概念を育てていければ、まさに一石二鳥ですね。

⑰ 九九が覚えられない

2年生2学期になるとたいていの学校では、九九の学習をします。教室には九九表が掲示され、子どもたちは授業時間だけでなく、休み時間や宿題として何回も唱えて覚えていきます。

この年齢になる子どもたちは、4桁から5桁の数字を記憶する力が育ってくるため、大きな苦労をすることなく覚えることができます。

けれども他の子と同じペースで覚えることが容易にはできない子もいます。他の子がどんどん九九を覚えていく様子を見て自信を失い、九九をきっかけに算数ぎらいになってしまう場合も少なくありません。

その子に覚えやすい方法を見つけて、「こういうやり方なら、うまくいく。覚えられた」という実感を味わえるようにしたいものです。

よくある場面

いっせいに唱える練習には工夫が必要

「では今度は6の段をやりましょう。さん、はい！」

「ろくごさん じゅうご、あれっ」

「どうしよう、わからなくなっちゃった」

- いっせいに唱えるとまとまった声の大きさで、リズミカルに耳から入ってくるため、記憶を助ける力になりますが、子どもによっては、自分とペースが合わずに混乱しがち
- 黒板と座席の距離が離れている場合は、注目すべきところに焦点を合わせられないことがある

ぼくの気持ち

ついていけないよ

「ぼくの速さに合わせてよ」

「みんなの声でわからなくなっちゃうよ」

- 覚えるべき量が多く、7・8・9の段になると覚えきれなかったり、忘れてしまうことがある

よい対応 1

具体的な操作をして身につける

> お皿に同じように3個入っていて、5皿分だから、3×5

- 実際に具体物の操作をした後に、必要に応じて操作の過程を言葉で言い表してから九九表と対比して見せることで、かけ算の意味やしくみと九九とを関連づけられるようにしていく

よい対応 2

苦戦している子に応じたちょっとした工夫を

> 「オリジナル九九練習グッズ」を作りましょう

> ぼくは、答えが見えないように九九練習カードを作ろう

- 自分にあった「オリジナル九九練習グッズ」作りをすることで、練習への興味・関心が増し、意欲も高まる。作るときには、書きに困難がある子への負担を少なくするために、九九一覧表を印刷しておくとよい

「便利でおもしろい！」と感じられるようにするために　column

　小学校2年生で初めて出会う九九。このしくみや計算ができるようになることは、これまで足し算・引き算しか知らなかった子どもたちにとって、大きな発見とこれからの学習意欲へとつながります。九九を、何度もひたすら唱える方法ではなかなか覚えられない子には、音楽の流れにのった「唱え歌」を使う、九九表を見て覚えるなど、その子に合う方法を見つけると、効果があがります。また、九九表を見せて、「九九の答えは81個ではなく、実は36個しかない」ということから、ひとつの答えにいくつもの九九があるという発見をさせ、唱えるときの手がかりにすることもできます。

　具体的には、「自分でカードを見ながら唱える」「友だちや家族とペアになり相手が唱えるのを聞く」「一覧表を見る」「言いながら数字を書いたり数字シールをはったりする」「教科書どおりの順番ではなく、覚えやすい段の九九から練習する」「ソロバンを使って置かれた玉の位置や形で覚える」など、その子が得意な記憶のしかたを手がかりとして用いるとよいでしょう。

聞く・話すことの困難

読み書きの困難

計算の困難

推論する困難

その他の困難

⑱ 筆算はできるが暗算が苦手

　1の位どうしの暗算は、繰り上がりのあるものでも数え足したり、ときに指を使ったりしながらなんとか正しく答えを出すことができても、10の位どうしの足し算になると混乱してしまう子どもがいます。

　位取りをそろえた筆算として書いてあれば、1の位から順に上下を足していく方法で計算をすることができても、学年が進むと、およその数で計算をして、結果を予想したり確かめたりする「計算の見積り」ができないと、効率よく計算をしたり、間違いなく答えを出したりすることができません。このため、位取りを間違えたり、割り算では正しい商を立てるために何度も計算をやり直さなければならなかったりすることもあります。計算のしかたを工夫することが必要です。

よくある場面
暗算で計算するときに

> 今日はノートに書かないで、暗算で答えを出しましょう。だいたい、どのくらいになるか予想が立てられるかな？

58+31

> えっ、書いちゃいけないの？えーと、5と8と3と1と、どれとどれを足すんだっけ？あーっわからなくなった！

わたしの気持ち
筆算ならできるのに！

> 書かないとわからないよ。みんな、どうしてすぐにできるの？

- 筆算であれば計算をしていくことができますが、横の式を見て同じ位どうしを間違いなく対応させて計算していくことができないために混乱してしまう

よい対応 1
身近な買い物の場面を想定する

- 100円で、遠足のお菓子を選びましょう。2つ以上買いましょう
- チョコレートはだいたい30円だ
- ビスケットは70円よりも80円に近いから、80円と考えよう

チョコレート 31円
クッキー 63円
アメ 22円
グミ 35円
ビスケット 78円

● 身近な場面を想定したクイズやゲーム、グループのごっこ遊びなどを行ない、メモや頭の中で「およその数」の求め方に慣れるようにします

よい対応 2
ゲーム形式で楽しく暗算練習！

- あといくつで100ですか？
- 59
- 41!

● 10の合成・分解と同じように、100を作るゲームを教室全員やグループ、ペアなどのいろいろな組み合わせで変化を付けながら、学習のウォーミングアップをする

筆算が苦手な子どもに *advice*

　小さい数で暗算ができても、大きな数の四則計算をするには筆算を使う必要が出てきます。しかし、途中で答えを書く個所を間違えたり、位を誤ったりしたまま計算を続けてしまう、筆算でつまずく子どもがいます。補助数を大きく書きすぎて見分けがつかなくなった、数の位がそろっていない、かける数が違うなどの原因も考えられます。時間をかけて出した答えが間違いでは、意欲や自信をなくしてしまいます。

　マス目のないノートやマス目を使わずに書いた式では、数字の大きさや位がそろわずに、途中で混乱してしまうことがありますので、計算に慣れるまでは、少し大きめのます目のあるワークシートやノートを使い、1ますに1文字を同じ大きさで書き込む約束にします。

　また、筆算をする手順表を用意してそれを見て確かめながら計算する。割る数だけが見えるように、割る数以外を指などで隠して商を見立てる。手順をひとつひとつ声に出しながら計算する。マーカーペンや色鉛筆で、計算途中のチェックポイントの数字を囲むなどの工夫をするとわかりやすいです。

⑲ 分数や小数の理解ができない

　小数・分数は、端数部分の処理という考え方から、一般的に教科書では「はしたの大きさの表し方」として展開されます。それまで学習してきた整数は、小さい単位から次第に大きい単位へ進んでいったのに対して、小数や分数は、その反対に整数を大きい単位から小さい単位へ、左から右へと処理していくことになります。
　分数や小数の意味を正しく理解できていないと、処理や計算もうまくいきません。
　「はした」（はんぱな数字）という考え方を理解することがむずかしい子には、分数を「ものを同じように分ける」という考え方で理解をさせた方がわかりやすいことがあります。導入では具体物を操作する様子を見せ、それを言葉で言い表すことで、子どもはイメージがしやすくなります。

よくある場面

$\frac{1}{3}$は、0.3？

$\frac{1}{3}$は小数にするとなんでしょう

$\frac{1}{3}$は、0.3かな？
じゃあ$\frac{1}{4}$は 0.4？
アレッ、
なんか変だな？

● 小数は、もとになる単位を常に10等分するのに対して、分数はいろいろな数に等分してはしたの数や量を表すために、分数と小数を関連付けて理解することが必要です

ぼくの気持ち

複雑だなぁ

いろんな記号や言葉が出てきて、意味がわかりづらいなあ

分数　$\frac{1}{5}$
小数　0.3 , 0.4 1.5
小数点
小数第1位　0.123

はんぱな数の表し方いろいろ

1ℓ、5ℓ、16ℓなど、ちょうどのかさ
1m、5m、16mなど、ちょうどの長さ　➡　整数

↓

「はした」の長さがあったとき

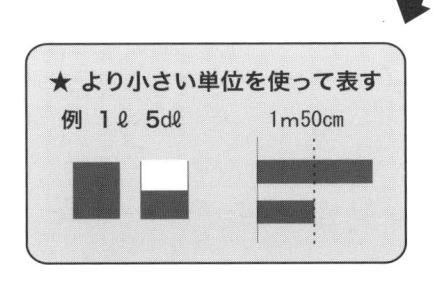

↙　　↓　　　　単位を変えずに表す
　　　　　　　　　↙　　↘

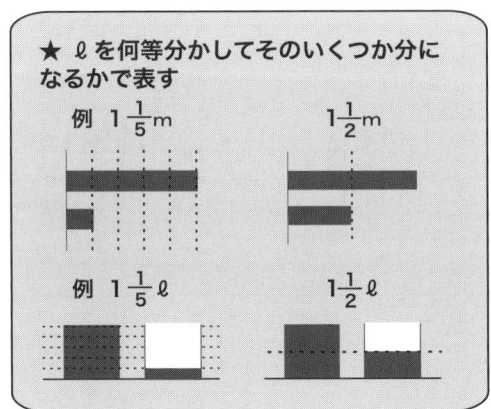

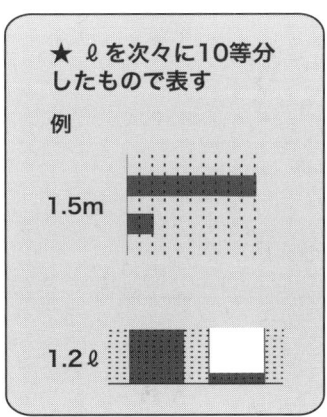

★ より小さい単位を使って表す
例　1ℓ 5dℓ　　1m50cm

★ ℓを何等分かしてそのいくつか分に
なるかで表す
例　$1\frac{1}{5}$m　　$1\frac{1}{2}$m

例　$1\frac{1}{5}$ℓ　　$1\frac{1}{2}$ℓ

★ ℓを次々に10等分
したもので表す
例
1.5m

1.2ℓ

分数や小数の記号や書き表し方は、意味を理解してから　column

　たいていの子どもたちは、算数の時間に分数や小数と出会う前に、「カステラを半分ずつに分けよう。2分の1ずつね」「ピザを8人で仲よく8等分にするから、8分の1ずつだ」などと、日常生活の中で分数にすでに耳にして、触れています。

　けれども、「はした」という言葉の意味や使い方にはなじみがない子どもの場合は、そこでとたんにむずかしさを感じてしまいがちです。新しい学習を始めるときには、できるだけこれまでの子どもたちの生活体験をいかして、意欲を引き出せるようにしたいものです。例えば折り紙や色画用紙、テープのような身近な物の操作を通して理解していく方法がありますが、手先の不器用さがある子どもにはかえってむずかしくなるということがあります。そのようなときは、コンピュータ教材や実物投影機を用いてしくみを示す方法で、負担をへらして理解を助けるようにします。

参考　杉岡司馬『「学び方・考え方」をめざす算数指導』東洋館出版社

⑳ 図形を正しく描くことができない

　小学校中学年では、三角形、円、平行四辺形、ひし形などを、辺の長さや、角の大きさを正しく作図する学習があります。LDの子どもの中には、図形ごとの作図のポイントを見逃したり、聞き逃したりして手順がわからなくなってしまう子どももいます。

　また、手先に不器用さがあり、作図するときに必要な三角定規やコンパスの扱いがうまくいかないために、本人がイメージしていたものとは大きく違う不正確な図形になってしまうこともあります。

　このような失敗感を抱かせないように、正確に描くことができないのはなぜかを考えて、作図手順の提示のしかたや、用具の選び方、扱い方に工夫をすることが大切です。

よくある場面

どうすればいいの？　うまく描けない。失敗だ！

底辺の両側から
コンパスを使って…
このように……
簡単ですね。
できた人は、ドリルの
問題もやりましょう

もう！
みんなみたいに
きれいに描けないなあ。
面倒だから適当に描い
ちゃおう

- 図形の輪郭をイメージできていない場合がある
- 図形の定義やおもな手順が理解できていない場合がある

ぼくの気持ち

失敗ばかりでいやだよう！

何回やっても、
端がぴったり
合わないなあ

ぼくも、
きれいに
描きたいのに

途中で定規が
動いてイライ
ラしちゃうよ

- 定規やコンパスの正しい使い方が身についていない場合もある
- 描線が途中で曲がったりずれたりしないように手の力加減をコントロールして道具を使うことが苦手な子がいる

よい対応 1

わかりやすい手がかりを使う

（吹き出し・先生）2つの辺の長さが等しい三角形を二等辺三角形と言います

（吹き出し・子ども）両方の人差し指の長さが同じで、こんな形が二等辺三角形だな

- 作図完成図から定義や特徴を言葉で表現することで、まずイメージできるようにする
- 手順表（イラスト版、文章版）を作図の手がかりとする

よい対応 2

手先が不器用な子どもには、使う道具にひと工夫

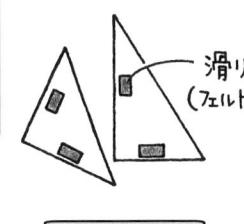

三角定規：滑り止めを貼る（フェルト、平ゴム、マグネットシートなど）

定規：0の目盛に油性細マジックで印がつけてある／端から計測できるタイプの定規を使う

コンパス：コンパスを使うときの下敷き（ダンボールなどの厚紙）

遊びの要素を取り入れて　（column）

作図が苦手な子どもにとっては、練習ばかりではつらくなってしまいます。そこで、作図の前の段階で、定規を使うウォーミングアップとして、また空間を認識するための課題として、三角や四角の陣地取りゲームなどをしてみましょう。遊びの要素を取り入れていくことにより、図形に親しめるようにし、早い段階から図形嫌いを作らないようにしたいものです。

◎三角陣地取りゲーム（2〜3名）
  ＊四角陣地取りや、コンパスを用いて円の陣地取りゲームも同じようにできる（P106参照）
❶ A4くらいの白紙にランダムに点を打つ
❷ じゃんけんで勝った人が点と点を結んだ直線を1本ずつ書いていく
❸ 結んだ線で三角形ができたら、自分の陣地になる
❹ たくさん陣地を作ることができた人が勝ち

聞く・話すことの困難　｜　読み書きの困難　｜　計算の困難　｜　推論する困難　｜　その他の困難

㉑ 時間の計算や単位の変換などが苦手

　時計の読み方（時刻）はわかるのに、時間の意味や単位がわからなかったり、長さ・かさ・重さについても測ることはできても、その意味理解や測る対象に応じた道具や単位が使えなかったりする子どもがいます。その原因は、基本的に時間の感覚や長さ・かさ・重さについての量感が育っていない、あるいは育ちにくさをもっているからだと考えられます。

　また、日常生活の中で単位はよく使われていますが、単位そのものに苦手意識をもっている子どもも少なくありません。子どもの中であいまいなままになっている単位をわかりやすく整理し、具体的に身近な物と結びつけることで単位への抵抗感は軽減されていきます。自分の体、食べるものなどを測って単位を体感させてみましょう。

よくある場面

ありえない数字!?

「わたしのくつのサイズは23mだよ」

「メートル？」

「50円玉1つと10円玉5つでは同じですね」

「違うよ。10円玉5個のほうが多いよ」

- ●個数の多さで判断してしまっている　●単位の概念があいまいである
- ●単位は交換できるということが認識されていない

わたしの気持ち

単位ってきらい!!

「mm、cm、km、長さだけでもいろいろあって混乱しちゃうよ」

「数字を読むだけじゃだめなのかなぁ。なんで単位なんかつけるのかなぁ」

よい対応1

"マイ・絶対量感" をつくろう

- 自分の体や身近な物から、基準となる物を、単位ごとにひとつ決めておくとよい
- 身近な物を、計測するときのポイントは、自分の絶対量感を基準にする
- 絶対量感を使って見当づけをすると、大きな間違いをしなくて済む

よい対応2

単位に慣れ親しもう

- カードを利用して神経衰弱風に物や動物などと単位をあわせるマッチングゲームで楽しく覚える

大きな単位と小さな単位 _{column}

　同じ数量を示すものでも、単位には大きな単位と小さな単位があります。一番わかりやすいのはお金です。1円玉は100枚で100円ですが、10円玉10枚でも100円です。100円玉を50円玉に両替することもできます。このように大きな単位を小さな単位に変えると数がふえ、その反対では数がへります。このことが子どもによっては、単位変換で混乱してしまう一因ともなっています。

　単位は量を表していること、「km」「kg」「kℓ」などキロがつく単位は1000倍を表しているなど言葉としてもおさえておきます。

　例えば、時間なら時間の単位を整理しておき、 3600秒＝60分＝1時間 と書いて教室に提示しておくなど確認したいときにすぐにできるような工夫も必要です。

22 計算は得意だが文章題ができない

　計算はある程度できても、文章題になるとなかなか解けない子どもがいます。ものごとを抽象的・論理的に理解することがむずかしい子どもにとって、推論を使う文章題は苦手な分野です。

　それは、問題文の意味が理解できない、数の概念が乏しい、演算決定がむずかしい、見直す力が弱いといったさまざまな原因が考えられます。

　問題文を具体的にイメージする手だてとして、一般的に絵や図を描くことが用いられています。

　このような視覚的な支援も有効ですが、文章問題をキーワード（算数ことばなど）で解くスキルとして身につけると、学習面では国語の文章読解や、行動面では見直しの習慣化というように広がりが期待できます。

よくある場面
文章問題はむずかしい！？

- 文を読んでも、全然わからないよ
- 何の計算かを自分で考えるなんてむずかしいよ！

あゆむくんはチョコレートを5こ持っていました。さやかさんから、いくつかもらったので、全部で8こになりました。さやかさんからいくつもらったのでしょう。

- 求められていることがわからない
- 自分が気になることばで判断してしまう
- 機械的に数字を並べて計算してしまう
- 演算の意味を理解していない

ぼくの気持ち
問題文がイメージできない！

- 『全部で』と文章にあったら足し算だよ！
- 文の順番どおりにいくと、5たす8かな？
- 何を求めればいいの？
- さやかはぼくの妹でぜったいチョコレートはくれないよ

よい対応1

視覚的にイメージしよう！　見直しをしよう！

[問題]
お相撲さんの体重は子どもの体重の7倍で210kgです。子どもの体重は何kgですか？

[問題の解き方]
❶声に出して読む
❷算数ことばに言い換える
　（何倍ですか？→割り算）
❸絵にしてみる
❹計算する（210 ÷ 7 = 30）
❺見直す（確認；30 × 7 = 210）

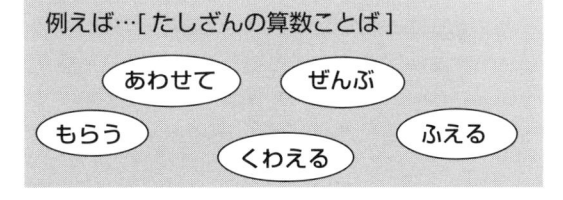

例えば…[たしざんの算数ことば]
- あわせて
- ぜんぶ
- もらう
- くわえる
- ふえる

よい対応2

作戦カードを使おう！

（問題）
お兄ちゃんのおこづかいは1000円です。
ぼくのおこづかいはそれより300円少ないです。
ぼくのおこづかいはいくらになりますか？

作戦カード
❶キーワード……… 少ない
❷わかったこと…… お兄ちゃんのおこづかい　1000円
　　　　　　　　　ぼくのおこづかい 300円少ない
❸求めること……… ぼくのおこづかい
❹しき……………… 1000 − 300 = 700
❺答え（単位）…　 700円

文章題を読解するスキル　column

　基本的な文章問題をていねいにくり返し解くことが大切です。読解するスキルとしてキーワード（算数ことば）に慣れるため教室に掲示しておくといいでしょう。新しく出てきた算数ことばはそこに随時加えていくようにします。また、文章問題を解くだけでなく、問題を作る練習をすると文章題のしくみがわかり、その理解が深まります。問題文を作るときは教師が手本を示したり、イラストを見せたり、子どもの興味のある内容にするなどの配慮があると意欲的に取り組めます。また、子どもの日常生活に結びついた問題を作ることで、イメージ化が促されます。文章題に出てくる言葉の意味を確認することで、改めて正しい意味を教えることもできます。
　このように文章題に取り組むことで、国語においても文章読解でキーワードが見つけられるようになり、文章を読むのが苦痛ではなくなるなどの効果が期待できます。子どもが自らの特性に気づくことができ、自分にとって有効な方法としてのスキルを自信をもって使えるようにしていくとよいでしょう。

㉓ 表やグラフの読み取りがむずかしい

算数に限らず、理科・社会などで表やグラフが出てくると、何を示しているものなのか、何をどう読み取ればよいのかわからない子どもがいます。

これは変化の関係性を読み取る推論・論理的思考と、視覚認知面での弱さが考えられます。空間位置関係がとらえにくく、方向がわからないということもあります。

日常生活では自分のくつ箱、ロッカーの位置がなかなか覚えられなかったり、教室に掲示してある時間割表・当番表が読み取れなかったりします。

このような場合、わかりやすいように視覚的な支援をするとともに、子ども自身も表やグラフの読み取り方のコツをつかみ、積極的に表やグラフを活用できるようにしましょう。

よくある場面
なぜ、さぼっているの？

- このグラフは何？ぼくは何をしたらいいの？
- いつもそうじの時間ふらふらしてる！
- 言わないとやらないんだからずるいよ

- 視機能に問題があると必要な物だけ選択して見られない
- 1点から別の1点へ視線をすばやく移動させられない
- 集中して見られない
- 両眼を使って見られない

ぼくの気持ち
よくわからないだけだよ……

- 何をやったらいいのかわからないから、めんどうくさくなっちゃう
- さぼってるって、注意されたりしかられたりするけど、ちがうよ！！

よい対応 1
具体的で見やすい工夫を！

これなら、そうじ場所もやることも聞かなくてもわかるよ！

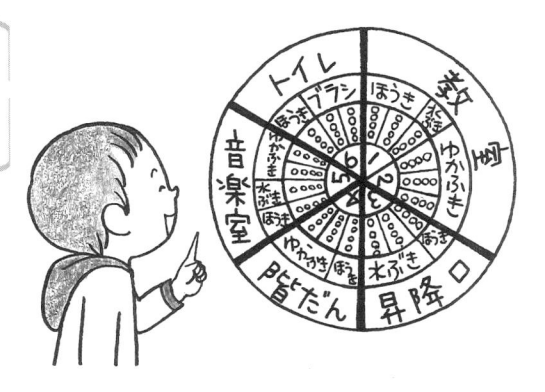

- 場所ごとの区切りの線は太くする
- そうじの具体的な内容を明記する
- 全員の名前を入れる
- 文字が細かくならないようにする（男の子用、女の子用など2つ作る）

よい対応 2
声に出してグラフを読もう

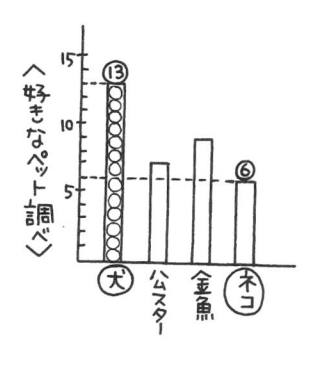

[手順メモ]
1. 何のグラフかな？
2. 一番高い棒と一番低い棒はどれかな？
3. 棒の頂点を横にたどり目盛りの数字を囲む
4. 棒の頂点を縦にたどり、当たった所を囲む
5. 目的の項目と数字を読む

- 声に出して読むことで言語化され、聴覚的な理解を促す
- 手順メモを使って読みとる
- 実態に応じて視覚的な支援（色分け、シールをはる、丸を書く等）をする

---

column　楽しく遊びながら楽しく視機能トレーニング

　視機能に問題があると、学習面では文章が読みにくい、文字がうまく書けない、運動面ではダンスが覚えられない、ボール運動が苦手など困難さが見られます。そのほかにも場所を覚える、表情を判別することも苦手だったりします。

　この問題は、見え方は本人しかわからないにも関わらず外から知ることはできず、本人自身も自覚できないことが多いのです。そのため、実は視覚機能の問題であることに気づかずに勉強が嫌いになっている場合も少なくありません。どんな見え方をしているかという視点で見ることも必要です。

　学習の中で、直接苦手なことにアプローチしていくことも必要ですが、平行して視機能を高めていくことも大事です。昔から伝わるけん玉・お手玉・折り紙などは体も目もたくさん使います。オセロ・ブロック・パズルなども視空間認知力を高めるために有効だといえます。意識して視覚の発達を促す遊びを取り入れるとよいでしょう。「楽しく遊びながら」がトレーニングのポイントです。

聞く・話すことの困難

読み書きの困難

計算の困難

推論する困難

その他の困難

24 物事の手順を考えられない

「そうじをしなさい」と言われても具体的にどんな手順でどんなことをすればよいのか考えられない子がいます。帰りのしたくをする、当番活動をするなどの学校生活場面で大まかな指示では細かい手順が考えられないのです。また、ひとつのことが終わると次に何をすればよいのかがわからなくなる子もいます。

学習のときにも自由に課題を設定して調べ方を考えるような場面になると見当がつかなくて混乱してしまいます。やることややり方がわからないのでぼんやりしていたり、遊んでしまったりするので、周りからはさぼっている、なまけていると思われ注意を受けがちです。

わかりやすい本人用の手順表を作ってあげると効果的です。手順表で順番を確認しながら行なっていく習慣をつけると取り組みがよくなります。

よくある場面
みんなはそうじをしているのに……

- いつもそうじしないで
- さぼってずるいよ
- そうじしなさいよ。休み時間じゃないよ

わたしの気持ち
そうじって何から始めればいいの

- ふざけてないよ。やろうとは思っているよ
- だってどうしなくちゃいけないか、わからないんだもん

よくない対応
抽象的な言い方だと……

「ぼんやりしない！早くやること」

「ちゃんとやって」

- 「ちゃんと」という指示では何をすべきかが伝わらない
- するべきことをわかりやすく伝える必要がある

よい対応
細かい手順表で具体的な指示を

「次はちりとりのゴミをゴミ箱へ」

- そうじの手順がわかる表を持たせる
- 短い言葉でわかりやすくする
- ひとつずつ示す
- 自分で確認できるようにする

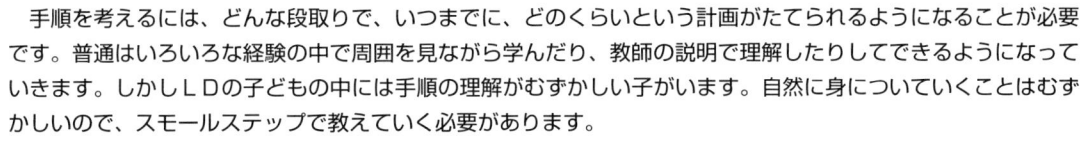

見ながらできる手順表 column

　手順を考えるには、どんな段取りで、いつまでに、どのくらいという計画がたてられるようになることが必要です。普通はいろいろな経験の中で周囲を見ながら学んだり、教師の説明で理解したりしてできるようになっていきます。しかしLDの子どもの中には手順の理解がむずかしい子がいます。自然に身についていくことはむずかしいので、スモールステップで教えていく必要があります。

　手順表は忘れたときにいつでも確認できるように、目につきやすい机の上などにはっておいたり、そうじなど動かなければならない場面では首からさげるようにして活用しやすいようにします。

　手順と共に大事なのは時間と場所です。スケジュールが入っている表の形式の方が子どもによっては見やすい場合があります。できたかどうかを教師が評価してシールをはったり、子どもに自己評価をさせるなどできたことを確認する方法も考えます。

聞く・話すことの困難 / 読み書きの困難 / 計算の困難 / 推論する困難 / その他の困難

25 前後左右などが即座に答えられない

「まわれ右」と言われても左にまわってしまい、友だちとぶつかる子どもがいます。このように前後左右がピンとこないと、体育での集団行動やダンスのとき、とんちんかんな動きになってしまいます。

教室の場面でも指示が聞き取れず、右と左を間違えて反応する場合があるので集団の中でひとりだけ目立ってしまいます。

「おはしを持つ手が右」などと他の子どもも教えられて覚えてきたのですが、空間感覚の発達が遅れているため同じような教え方では混乱してしまって、身につかなかったと考えられます。

利き手に輪ゴムやシールをつける、右、左のカードを用意しておき、口で言うだけでなくわかりやすいように見せながら教えるなどの工夫が必要です。

よくある場面
反応、遅すぎ

右側の人、立って動きます

遅い！さっと動くこと！

ぼくの気持ち
すぐに動けって言われてもこまるよ

早く言われるとわからなくなっちゃう。ゆっくり考えればわかるんだけど。どっちが右だっけ？

よくない対応
ぼんやりしているだけと思ってしまうと……

右はえんぴつをもつ手。わかるでしょ？

あれ、みんなから見るとこっちだけど……

え!? ぼくから見たら右はこっちだよ

● 先生が目の前に立つことによって、おたがいにとっての左右がちがうので混乱してしまいます

よい対応
見てわかりやすい提示に

右側の人この列ね。立って動きます。さとし君も右側ですよ

わかった。ぼくは右の列だ

右と左を教える方法 （column）

　前後はまだわかるのですが、左右は誰かと向かい合ったときに、自分にとっての右と向かい合っている相手の右が同じ方向でないため、わかりにくい子どもがいます。

　利き手を基準にして左右を意識していることが多いので、右利き、左利きを確認してから教えましょう。また、利き手に印をつけたり、机に右、左をはっておき見て確認しながら対応できるようにします。

　「右から左に書く」などと動きのともなった指示をされると意味がつかめない子もいます。書く動きも矢印を入れて示しましょう。

　「右に動く」「左に動く」など、自分自身が動く場面だと混乱する子もいます。見本を見て、声に出しながらゆっくり動く練習をします。

　「右手でドリブル」「左手でドリブル」のように道具を使っての練習にも取り組みましょう。

㉖ ロッカーなどの位置がなかなか覚えられない

　ロッカーの場所は一度決めるとしばらく位置が固定するので記憶できる場合が多いのですが、なかなか自分のロッカーの位置が覚えられない子がいます。名札がついていてもさがすのに時間がかかってあきらめてしまったり、名札の上に入れるのか下に入れるのかで迷ってしまったりする場合もあります。
　わからないと適当な場所に入れてしまうので、周りの子どもがこまってしまう場合があります。これは、目で見て情報処理することが苦手で上下左右、縦横などの物の位置関係をとらえることができないためと考えられます。
　目立つように色シールや動物シールなどのわかりやすいマークをつけると自分の場所が見つけやすくなります。また、場所を変えるとまごつくので、なるべくロッカーの場所を固定しましょう。

よくある場面
でたらめに荷物入れるんだから!!

> どうしてぼくのロッカーに入れるんだ。荷物出しといたぞ

> 席替えしたからロッカーもかわったのよ

わたしの気持ち
どこだかわからないんだもん

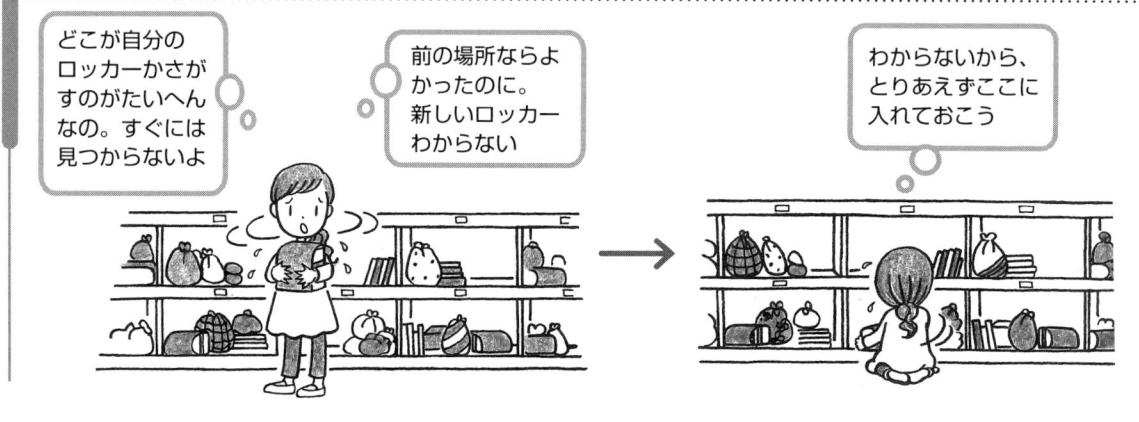

> どこが自分のロッカーかさがすのがたいへんなの。すぐには見つからないよ

> 前の場所ならよかったのに。新しいロッカーわからない

> わからないから、とりあえずここに入れておこう

よくない対応
いいかげんと思ってしまうと……

> ここでしょ。
> 何回言わせるの。
> 幼稚園の子でも
> わかることよ

よい対応
覚えやすい、見つけやすい工夫を

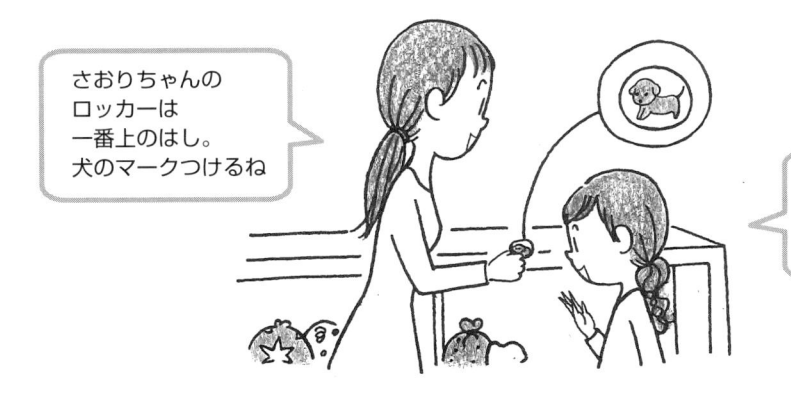

> さおりちゃんの
> ロッカーは
> 一番上のはし。
> 犬のマークつけるね

> わたし、犬大好き！
> 犬ならすぐ
> 見つけられるよ

column
位置をわかりやすくする工夫

　大人でも初めて行った施設や学校のスリッパ入れで、どこに入れたか覚えていなくて帰りにあちこちあけてさがした経験がありませんか。LDの子どもは位置を確かめたり記憶したりするのが苦手なので、同じような形が並んでいるロッカーなどでは自分の場所がわからなくなってしまうのです。

　目立つ色を使ったシールや本人の好きなシール（動物や花、アニメのキャラクターなど興味をもっている物）をつけると見つけやすくなります。同じロッカーでなるべく固定したり、わかりやすい位置（一番上、隅など）にしてあげるなどの配慮も必要です。

　このような子どもは並ぶ順番でも名簿順や席順や2列、4列などと変わるとどこに並べばよいのかわからなくなることも多いので、特定の子の後ろに並ぶなど、どんな場でも一定にしておくことがわかりやすくするコツです。

27 学校で行くべき教室の場所がわからない

　ひとりでは音楽室や図工室などの特別教室に行けない子がいます。みんなで一緒に行動するときはよいのですが、ひとりではわからなくなってしまうのです。自分の教室からは行ける子でも別の場所から移動するとわからなくなるというケースもあります。

　これは、空間の中での位置関係を把握したり場所を記憶したりすることが苦手なためと考えられます。

　一般的な目印ではなく、本人が関心のあるポスターや、目印になりそうな曲がり角に置かれている物、窓から見える物などの方が目印になります。本人用の地図をそういった観点で作成するとわかりやすくなります。学校内の掲示や案内板を見やすくつけたしたり、作り直したりすることもよいと思います。

よくある場面
迷子になっちゃった！

- 理科室どこだっけ？
- こっち？ あれ、あっちかな
- みんなが先に行っちゃった。どうしよう

ぼくの気持ち
どこに行けばいいの

- 同じような教室が並んでいるんだもん
- 理科室、たまにしか行かないから、わからなくなっちゃう

よい対応 1
本人用の地図を作る

> この地図だと、ちゃんと理科室に行ける

よい対応 2
案内板をイラスト入りで見やすく

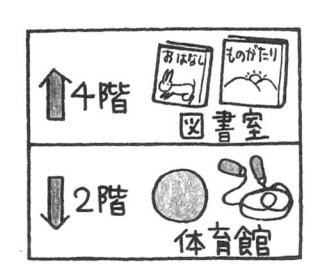

階段に

ろう下に

本人用の地図を作る <column>

　なかなか教室の位置を覚えられない子どもには、まず先生と一緒に実際に行ってみて本人にとってわかりやすい目印を見つけます。子どもによって違いますが、興味のあるポスターだったり窓から見える景色だったりします。それをもとに本人用の地図を作ります。

　本人用の地図を使うとき、曲がり角に来たら地図をまわして見ることで、自分から見た方向が把握できるためわかりやすくなります。一緒に地図を見ながら歩いてみて、実際の使い方を練習する必要があります。覚えにくい場合は、教室ごとに地図を作ることも考えられます。

　校内の案内板には、特別教室ごとに色を変えたり、マークを変えたりして、行く方向に矢印をつけておいたりするとわかりやすいでしょう。

　なるべく友だちと一緒に行くようにすることが無難ですが、わからなくなったら途中で誰かに聞く、一緒に行ってくれるようにお願いするなどの対応のしかた、聞き方、依頼の言葉を学んでおくことも大事です。

28 連想ゲームに答えられない ダジャレが言えない

「しりとり」「○つき言葉、○抜き言葉あつめ」などの言葉遊びは楽しんでできていたのに、「なぞなぞ」「連想ゲーム」「ダジャレ」などの遊びは苦手な子がいます。「しりとり」などは音韻分解ができれば楽しめますが、「連想ゲーム」や「ダジャレ」は同音異義語や比喩表現、言葉の奥の意味や関係性などが理解できないと参加できません。

また、「鼻が高い」「目がない」などの慣用表現を、文字どおりの意味でしか受け取れず「得意である」「とても好きだ」という意味でも使われることを文脈の中でつかむことがむずかしく混乱することもあります。

年齢に応じた言葉遊びや、やりとりを友だちの中で少しでも楽しめるよう、段階的な練習を繰り返したり、実際に体験できる場の設定が必要です。

よくある場面
言葉遊びを楽しめない

- 布団が吹っ飛んだ！
- このスイカ安いか？
- おまえもダジャレ言ってみてよ
- 次はクイズだよ！ちくわは魚、じゃあ、豆腐は？
- 頭の回転が遅いな〜 豆腐は大豆だろ
- ……？？

- ● ダジャレの面白さがわからない
- ● 慣用句がわからない
- ● 友だちから反応が鈍い、ノリが悪いと思われる
- ● 一緒に楽しめない

ぼくの気持ち
思いつかないよ！

- みんな あんなに笑っているけど、どこがおもしろいの？
- 急にダジャレなんて考えつかないよ
- ぼくも一緒に笑いたいし、みんなを笑わせたいよ
- 頭の回転？ 頭をぐるぐる回すの？？

よい対応1
言葉遊びのルールを知ろう、書いてみよう

（同じ音の部分に○をつけてごらん。わかりやすくなるよ）

（スイカ 安いか）

（「す」と「い」と「か」が同じなんだあ…そっかあ）

（おもしろいダジャレを調べてみようか）

- ダジャレの規則（1文に同音の言葉が2つ入っていること）を説明し、目で見えるように文字にして確かめる
- ダジャレやおもしろいなぞなぞなどを、インターネットで調べてレパートリーを増やす
- 初めて聞いた表現や、慣用句の意味を確認する。カード式にして意味とのマッチングをしてみるのもよい

よい対応2
クラスの友だちと楽しむ体験を大切に

（お年玉はだいぶ使った。お年玉は大仏買った）

（おもしろいな〜！！）

（なんだそれ〜 すごーい！）

- うまくいかなかったことをそのままにせず、友だちに認められる場面をつくる
- 事前に調べておいたことを忘れて言えなくなることのないように、文字でおもしろさがわかる誤変換の例文を用意する

column
イメージマップを作る

　ある言葉から別の言葉を連想するという作業を、できるだけ目に見えるように進めていくことで、安心して取り組めるようになる子どもがいます。そんな子たちに有効なのが「イメージマップ」作りです。

　例えば「海」という言葉を中心に、イメージマップを作るとします。まず思い浮かんだ「魚」という言葉と線でつなぎます。同じように「ウェッビング法」というクモの巣状にできるだけたくさんの言葉を導き出して線でつないでく方法で言葉をさがします。注目したいのはその線です。なぜその言葉が出てきたかを書き込むのです。「海」『に住んでいる生き物』「魚」『の種類』というように。

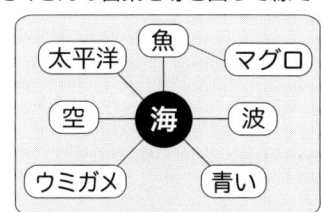

　言葉と言葉をつなぐ「意味の橋渡し」があれば、言葉の連想が苦手な子でもやりやすくなります。左ページの例でも、「ちくわの材料は魚、豆腐の材料は？」と聞かれればわかったはずです。

（図：海を中心に 太平洋、魚、マグロ、空、波、ウミガメ、青い が線でつながれている）

聞く・話すことの困難

読み書きの困難

計算の困難

推論する困難

その他の困難

㉙ 話し合いにうまく参加できない

　学校生活においては、学校行事や特別活動の中で生活班や係などのグループでの話し合いや、学級全体での話し合いを行なう場面がたくさんありますが、それらの話し合い活動を、ことさら苦手としている子どもがいます。

　話し合いをするためには相手の言うことをよく聞いて理解し、自分の考えも他者にわかるように表現しなければなりません。また1対1での意見交換ではないため、発言の機会は均等に与え、ときには順番に発言するといったルールの理解も必要になってきます。

　さらに、自分の考えと他者の考えを比較検討し、それぞれの考えの違いやよさに焦点を当てて、関連づけて話し合うことも求められます。話し合いのどこでつまずいてしまうのかを見極め、流れの中で指導していきます。

よくある場面

極端に多弁になったり無口になったりする

- もういいだろ？
- いつまでしゃべる気だ？
- 話し合いにならないよ
- ぼくはね……こう思う……だって……みんなもそう思うだろ？それにさ……
- えーっ!?ぼくはこうだよ
- わたしは……と思うけど
- いいんじゃない？でももっとさあ……
- ………

ぼくの気持ち

誰に向かってどのくらい話せばいいの？

- ぼくの考え最高だろ!?
- 聞いてくれよ。もっといいこと考えたし……
- なんでぼくの話を止めるんだよ
- 誰がなんて言ってたっけ……
- 話すの苦手なんだ……もう話し合いに出たくないな
- いつ答えればいいんだろう

よい対応 1
話し合いの目的とルールを確認しよう

「司会は、時間配分をして全員に意見を求めるのですよね」

「そっかあ、ずっとしゃべっていたらだめだよね」

- 話し合いの流れ、ルールを決めておく
- うまく進まないときに見直せるようルールを掲示する
- 司会の仕事を確認し、進め方や注意事項をまとめたものを利用させる

よい対応 2
話すことが苦手でも話し合いには欠かせない存在に

「記録係ならわたしにもできる！」

「誰がどんな意見を出したかもわかるし……」

- 特性に応じて役割分担し、参加意欲を高める
- 無理に発言を強要しない。賛成か反対かの意思表示でも立派な参加と認める

column
少人数で他者の意見をしっかり聞く体験を

　学校での小集団の話し合い活動は、何について話し合うのかテーマが決まっていることから、話題を共有しているという点で、自由会話の場面よりずっと会話が成立しやすくなります。また、話し合いを行なうメンバー間では、話題に関する知識もそれほど大きな差はありません。そんな、会話成立の条件がそろった場だからこそ、他者の意見を否定することなくしっかり聞くことや、他者の立場や周りの状況を考え、自分の意見をどこまで通すか加減することなどにポイントをおいて練習することができるのです。

　他者の意見を即座に否定する例、自分の意見をなんとか押し通そうとする例、話し合い以外の日常生活での力関係をもち出し同意させようとする例などをロールプレイで交代に体験させてみましょう。逆に、まとまらない意見でもていねいに聞いてもらう例も体験させ、それぞれの場合で感じたことの振り返りをさせることも有効です。集団で話し合ってひとつの意見をまとめていくということのよさを実感できる前提には、他者の意見を聞くことの重要性の理解があるのです。

㉚ 現実とかけ離れた目標を目指し、心配しすぎる

　自分のことについて客観的に見つめる力が弱く、自分にあった目標をたてることができずに、現実離れした目標をたてては達成できずに落ち込んだり、どう動いたらよいかわからずに、取り組む前から無理だと不安になってしまう子どもがいます。

　自分に自信がなく、「いまの自分ではいけない。変わらなければ」という思いが強すぎて、いまのまま、ありのままの自分を受け入れることがむずかしいのです。そんなことの繰り返しに、友だちや家族からの評価も下がってしまい、さらに落ち込むという悪循環に陥ります。

　まずは、より具体的な行動について振り返り、できていること、できていないこと、がんばったこと、今後努力が必要だと思われることは何かについて気づかせていくことから支援を始めます。

よくある場面
なんでそんなに高い目標を？

目標票
・毎日5時間勉強する
・数学で毎回90点とる
・目指せ第一高校

「やっぱりダメだ〜」

「こんなんじゃ進学できない」

- 具体的な学習の計画はたてられていない
- 目標達成のための努力が続かない

わたしの気持ち
自信をなくしちゃうよ

「もっともっとがんばらないと……でもどうやってがんばればいいの？」

「もっと高い目標にすればいいのかな？」

「なんでいつもできないんだろう。どうせ、わたしはダメなんだ」

よい対応1
自分の現状を知り、具体的な計画を立てよう

> 目標は、ちょっとだけがんばればできるくらいのことを書くんだよ。続けてやれることが大切なんだよ

> はい、これならやれそうです

- 「学校生活自己チェック表」で生活面、学習面の動きを自己評価させる
- 担任も同じチェック表を使って評価し、自己評価と他者評価に大きな違いがあるか確認する。違いが大きいときはすり合わせをして修正する ●目標設定には選択肢を用意する
- 計画表の作り方を教え、何をどれだけやるか見通しを立てさせる ●こまめに評価する

よい対応2
自分のよさに気づこう

> おとなしくて目立たないわたしだけど、「ひかえめで優しい」とか「人を大切にしてくれる」なんて言ってくれる人がいる

> うれしいな。全部ダメなわけじゃないかも

- 学級活動で、「いいところさがし」をし、メッセージを交換する
- 自信を回復するためには、他者からのプラスのメッセージが有効

メタ認知の弱い子に、正しい自己理解への支援を *advice*

　自分のことについて、自分自身で客観的に見つめることのできる力を"メタ認知力"と言います。自分のやっていること、自分の言っていること、考えていることについて、それでよいのか、改善が必要なのかを見極めたり、間違っていると気づいたときは修正したりする力です。この力が弱いと、不当に自己評価が低かったり、逆に高かったりして、正しい自己理解が進みません。思春期の大きな課題のひとつがこの正しい自己理解であるといってもよいほど大切なものです。

　あまりに低い自己評価に苦しみ、なんとか自分を変えたいともがいている子どもが少なくありません。欠点もあるけれどよさもある、ありのままの自分を自分で認めてあげることからしか、自分に合った目標を決めることも、目標を具体化することもスタートできないのです。励ましの声かけや、がんばりへの賞賛をひんぱんにして、前向きな気持ちを維持できるように支援していくことが必要です。

聞く・話すことの困難

読み書きの困難

計算の困難

推論する困難

その他の困難

㉛ 学習用具がうまく使えない

消しゴムを使うと、ノートが破けたり消しゴムがちぎれたりしてうまく使えない子どもがいます。また、色えんぴつやクレヨンがよく折れたりもします。ものさしの0の目盛りがずれて測り間違えたり、定規で引いた線が途中で折れ曲がったりすることもあります。特に、コンパスで円を描くときや分度器で角度を測るときには、とても苦労しています。

しかし、「練習すればだいじょうぶ」「そのうちできるようになる」など先の見えない励ましでは、勉強のたびに悩まされ、課題に集中できないかもしれません。できない自分を責めたり、自分自身をどんどんきらいになったりする心配があります。

学習目的に適した用具を工夫し、器用さを支える身体機能を養うことによって、学習がうまく進むようにサポートします。

よくある場面
線はガタガタ、ページはくしゃくしゃ

- しっかり見なさい。力が入り過ぎ

- 線がうまく引けない
- 消しゴムで文字を消そうとするとノートがやぶける

わたしの気持ち
どうしてわたしだけできないんだろう

- そっとこすると字が消えないし、強すぎると紙が破けちゃう
- コンパスの持ち手は回しにくいし、針はすぐにずれちゃう
- 定規が動かないようにするだけでもむずかしいのに、鉛筆で線を引くなんて……

よい対応 1
自分に合う道具を見つけよう

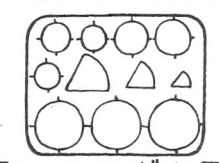

これで描くことに集中できる！

きれいに描けた！

型の内側をなぞると 円や扇形がかけます。

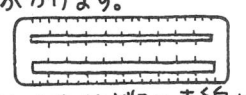

スリットをなぞると 直線がかけます。

- 製図用のテンプレートスケールを使う
- こまっている理由を子どもに聞くと、工夫のヒントが見つかる
- 学習支援員や図工の先生に相談してみる

よい対応 2
手先の動きの基となる身体機能を育てよう

わたしは手前に引くときの方が力を入れやすいな！

タクシーのおきゃくさきかさ♪

手首を回すって、こういう感じなんだぁ

- 大きな動作で、力の入れ具合を練習する
- 簡単な動きで、コツをつかむ

うまくいく方法を選ぶ *advice*

❶ユニバーサルデザイン（老若男女の差異、障害・能力などを問わずに利用できる施設・製品の設計）

消しゴムやえんぴつなど毎日使う物は、使いやすい物を選ぶことが大切です。特にLDのある子どもにはなおさらです。例えば、ふつうのえんぴつは太さ6ミリ程度の円形か六角形ですが、力が無理なく入るように、一辺9ミリで三角形にしたえんぴつがあります。また、持ち手の形状や素材を工夫して、刃先に力をかけやすくしたハサミやえんぴつをはさんで角度調整ができるコンパスもあります。

❷オプトメトリー

LDの人の中には、眼病や視力低下はないのに、横目や片目で物を見る癖があったり、文章の単語をまとまりで見つけたり文字列を追って滑らかに視点を動かしたりすることが苦手な人がいます。そのような特性を改善するために、ビジョントレーニングなどを行なう、視覚機能の専門家がいます。オプトメトリストといって、アメリカなどでは長い歴史があり、LDの子どもにも役立っています。

32 自分の身体が器用に動かせない

　スポーツや楽器は、できるかできないかで、好き嫌いが大きくわかれます。例えば「アルプス一万尺」やスキップで、手足の動きがちぐはぐになったり、なわとびの後ろとびや二重とびを、いくら練習してもできなかったりします。
　ボール投げでは、手足の動きと顔の向きやボールの行方がばらばらになってしまいます。マット運動の前転では、手首やひじの使い方がうまくできず、首を痛めることもあります。鍵盤ハーモニカやリコーダーの指使いをとてもむずかしいと感じる子どもがいます。
　単に練習量をふやすのでは、本人も支える方も疲労感だけが増し、日常生活にも悪影響が出ます。身体の動きをサポートする道具の工夫と、目と脳と筋肉の情報伝達ルート作りが、上達のポイントです。

よくある場面
ボール投げもなわとびもできないの？

> 一生懸命練習すれば、きっとできる

> がんばれ～

ぼくの気持ち
どうしてこんなふうにしか動かせないの

> 手と足と顔を同時にじょうずに動かして、ボールを相手に投げるなんてできっこない

> とぶのだけでもたいへんなのに、二重回しなんてリズムがゴチャゴチャだ

よい対応1
特別練習に挑戦しよう

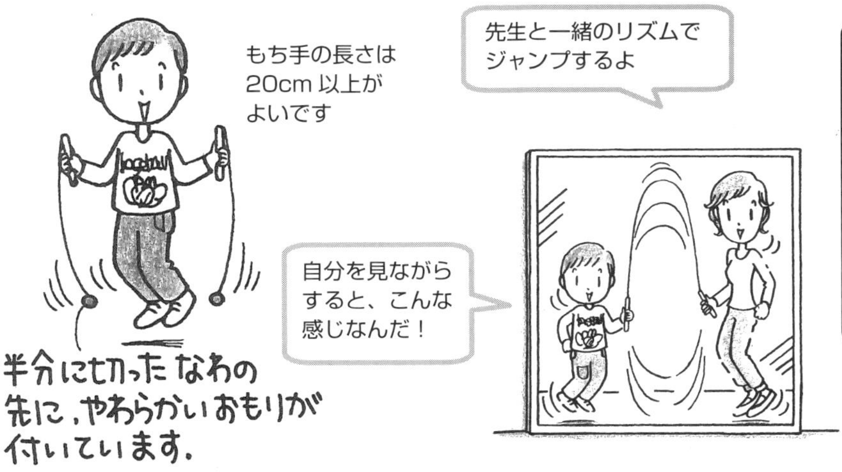

もち手の長さは20cm以上がよいです

先生と一緒のリズムでジャンプするよ

自分を見ながらすると、こんな感じなんだ！

半分に切ったなわの先に、やわらかいおもりが付いています。

- 手首で回す感覚は、おもり付き半分カット縄で練習しよう
- なわとびは、重たいヒモほど速く回る
- 鏡を見て一緒にとぶタイミングを教える

よい対応2
コマ送りで、脳と筋肉の情報伝達ルートを作ろう

イチ　ニ　サン　シ

- 一連の動きをまねして、筋肉や関節の動きを脳に伝える
- 自分の体勢を大きな鏡や動画で見ながら、動きを確認する

できること、できそうなことを伸ばそう　advice

❶道具や方法の工夫

身体能力はすぐには改善しません。うまくいかないときは、別の方法を試すことが達成への一歩になります。高い所の物をとるときには台にのるように、細かい物を観察するときにはルーペを使うように、何かが苦手なときには本人の努力よりも、小さな工夫が役に立つことがあります。

❷目と脳と筋肉の情報伝達ルート

初めての自転車やスキーを憶えていますか。自分の思いと身体の動きがバラバラで、どうしてよいかわからなかったと思います。

そんなときは、自分の身体がスムースに動いている様子を想像したり見たりすると、脳から筋肉や関節への適切な情報が伝わりやすくなります。また、正しい動かし方に似た動きを身体にさせることで、筋肉や関節からの刺激が脳に伝わり、情報伝達のバイパスができることもあります。

㉝ ドッジボールやサッカーで動き方がわからない

　中あてで、外野の友だちに向かってボールを当ててしまう。ドッジボールで、ボールに背中を向けて走ってしまう。サッカーやバスケットボールでは、コートの端で立ちつくしたり、キーパーではないのにボールを持ったり、バスケットボールを持って走ったりする子どもがいます。
　チームゲームは、「ルールがわかる・自分のポジションがある・チームが仲よし」の3条件がそろえば楽しいのですが、ひとつでも欠けるとつらい場面になります。
　「そっちじゃない！　こっちだって言ってるだろ！」と誰かが責められ続けると、チーム全員が参加意欲をなくしてしまいます。攻守混合型のゲームでは、行動モデルの存在と集団に適したルール設定が、みんなに楽しさを広げます。

よくある場面
何メートルはなれたら捕るの？　逃げるの？

> だって、どうすればいいの？

> 逃げてちゃだめだよ！

わたしの気持ち
どうすればいいの？

> 止まってると「動け！」って言われるし、ボールにさわると「ダメ！」って言われる。どうすればいいの……

> なんで急にぶつけるの？

> キャッチボールのときみたいに「投げるよ」って言ってよ

よい対応 1
友だちに行動モデルになってもらう

「ありさちゃんのまねすればいいんだ」

「捕るのは正面のボールだけよ！」

- モデルの子どもが達成感をもつことが大切
- コートの広さと内野の人数が楽しさのカギ

よい対応 2
子どもの特性に合ったポジションをつくろう

「ちょっと怖いけど、ボールきたら止めるゾ！」

「ボールが来たら、フープの中を通せばいいんだ！」

- 「いつ・何を・どうする」がはっきりわかることが大切
- ピッチの広さは、最大バスケットボールコート大
- 1チーム最大4人（出場人数）だと、一人ひとりに役割ができる

column
ルール・ポジション・チームワーク

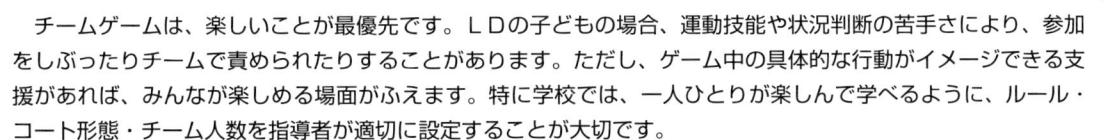

　チームゲームは、楽しいことが最優先です。ＬＤの子どもの場合、運動技能や状況判断の苦手さにより、参加をしぶったりチームで責められたりすることがあります。ただし、ゲーム中の具体的な行動がイメージできる支援があれば、みんなが楽しめる場面がふえます。特に学校では、一人ひとりが楽しんで学べるように、ルール・コート形態・チーム人数を指導者が適切に設定することが大切です。

　例えば、ゲームが苦手な子どもに対し、得点や計時係を役割として与えることも、意味付けひとつで大切なポジションにできます。また、意図的なメンバー構成をすることで、得意な子どもが、苦手な友だちに知識と技術を伝え、苦手な子どもが、得意な友だちの創意工夫と自己有能感を育てる機会を作ることができます。

　一人ひとりの持ち味をたがいに活かし合いながら得点できたとき、「みんなは一人のために　一人はみんなのために」のよさを子どもたちが体感し、チームゲームを学校で扱う教育的意味ができるのです。

34 家具や人にひんぱんにぶつかったり転んだりする

　教室の通路を歩いていて机などにぶつかってしまう子どもがいます。友だちに指摘されても、本人には感触がなくケンカになることもあります。
　また、段差などがない場所で転んでしまう子もいます。痛いだけなら我慢すればすむことかもしれません。しかし、ぶつかることで友だちの持ち物を落としてしまい文句を言われるなど、場合によっては友だち関係を悪くしてしまいます。

　本人の自覚がないのに「しっかり前を向いて歩きなさい」「自分が悪いときにはきちんと謝りなさい」と、行動を注意しても状況の改善にはつながりません。
　机の配置や間隔などの学習環境を調整し、身近な遊具を使って身体の動きや空間を把握する力を養うなどの支援が必要です。

よくある場面
ひとの机にぶつかってくるなよ！

> おい、ひとの物を落としたら拾えよ！

> え？

ドンッ!!

ぼくの気持ち
ぼくはふつうに歩いているのに……

> どこかでぶつけたのかな？

> いつもぼくばかりが悪いわけじゃないよ！

> ぜんぜん覚えてないな……

- 本人にはぶつかっている感触はありません

よい対応 1
座席や通りみちの工夫

後ろのロッカーに行くときは、廊下を通ればぶつからない

先生が近いから、すぐに教えてくれる

- 授業中の移動が比較的少ない座席にします
- 広い通路や廊下を活用します

よい対応 2
生活に役立つ身体感覚を育てよう

もう頭をぶつけないよ！

登るときは、ひざを伸ばすようにして身体を支えるんだ

- ジャングルジムなどを使って力加減と身体の動き方を体感できます
- 目測と身体の動かし方を調整できます

感覚統合療法を使ってみよう column

　何かにぶつかる、手先が不器用で、落ち着きがない、姿勢が悪い、忘れ物が多いなどの様子が見られる子どもがいます。感覚統合療法は、そのような状態になる原因のひとつを、5つの感覚刺激（見る・聞く・触れる・筋肉や関節の動き・重力の感覚）の脳への登録と調整の不具合にあると考え、改善しようとする方法です。
　例えば、特に運動機能にマヒがないのに、給食の牛乳ビンなどを毎回ドンと乱暴に置いてしまう子がいたとします。これは、机とビンの位置関係の目測と、筋肉の力加減や関節の曲げ具合について、脳との情報伝達がうまくいっていないと考えられます。そこで、トランポリンやジャングルジムで遊んだり台から跳び下りたりして、環境に応じて身体の動きを調整する力を育てるのです。一見無関係に思える運動ですが、適切な感覚刺激を充分に体感することは、手先の器用さや言葉の発達を支える基になると考えられているのです。

聞く・話すことの困難

読み書きの困難

計算の困難

推論する困難

その他の困難

35 友だちとのトラブルが多い

　自分の主張を変えることができなかったり、相手の意見を受け入れられなかったりするために、すぐに友だちとトラブルになってしまう子どもがいます。友だちが冗談や皮肉で言ったことを真に受けてしまい、けんかになることもあります。
　なんとしても自分の主張を通そうとするので、一見わがままに見えますが、相手の意見に応じて柔軟に考えを変えたり、自分のやろうと思ったとおりにいかなくてしきり直しをしたりすることがうまくできなくて抵抗しているのです。
　相手を攻撃しているように見えますが、実は混乱した気持ちの中で、自分を立て直そうと必死で自己防衛をしているのです。まずは本人なりの言い分を聞いて、気持ちによりそうことが大切です。
　担任の教師は本人と周りの子どもの間をとりもつことも必要です。

よくある場面

ドッジボールじゃなくちゃいやだ

- いいね
- 休み時間にみんなで何をして遊ぼうか？
- 賛成
- 決まり
- サッカーがいい
- えー。そんなー。ぼくは、ドッジボールじゃなくちゃいやだよ

ぼくの気持ち

ぼくの気持ちもわかってよ

- ドッジボールは好きだし、楽しい
- 今日もドッジボールやれると思っていたのに
- サッカーは、けったボールがあたったら、痛そうだし……
- サッカーはよくわからないから、つまらないよ

よくない対応
意見をとりあわずに決めてしまうと

> みんながサッカーやりたいんだから、もう決まりだよ！

> そんなのずるいよ。サッカーはやだよ。ひどいよ！ みんなが、ぼくだけ仲間はずれにする……

> ドッジボールはいつもやってるんだから。わがまま言うなよ

> もう、みんなと絶対遊ばない

● 多数決であっさりと決めてしまうと、自分の意見を聞いてもらえなかったという気持ちだけが残ってしまい、ますます頑なに、自分の主張を続けてしまいます

よい対応
いやがる理由に耳を傾けて

> どうして、サッカーはいやなの？

> サッカーのやり方、よくわからないの？ 教えてあげるから、やろうよ

> やり方がいまいちわからないんだ

> うーん。教えてもらったら、できるかなあ？

● 周りの人が理由を聞いたり、うまく説明できない気持ちを代弁したりすることで、気持ちが落ち着いてきます。すると、他の意見にも耳を傾けようとする気持ちになってきます

advice
周りの提案や助言も受け入れられるようにする

　このタイプの子どもは、自分の主張を積極的にしたり、相手の意見に異を唱えたりすることが多いので、一見すると話すのがうまいように見えますが、自分の気持ちや主張の理由を相手に伝わるように話すことが苦手です。むずかしい言葉を会話の中によく使っていても、実は意味がよくわかっていなかったり、使い方を間違えていることもあります。

　その主張をするのはどんな気持ちからなのかを周りが察して、気持ちによりそった助言や提案をすると、気持ちに余裕があるときは、その助言や提案を受け入れられることも出てきます。受け入れられたときは、本人をほめたり認めたりしながら、話し合いや意見を譲り合って決めるということを、経験を通して理解させていくことがとても大切です。相手が不快にならないような主張のしかたや、気持ちの伝え方も身につけさせていきます。

36 複数人数の遊びを極端にいやがる

1対1で遊んでいると楽しそうにしているのに、複数人数で遊ぶことを極端にいやがる子どもがいます。同じ遊びでも参加する人が多くなると、順番待ちが長くなったり、なかなか勝てなくなったりし、思うようにいかないことが多くなります。我慢することが苦手だと、それだけで楽しめなくなります。

また、暗黙の了解になっていることがわからないと、遊びの流れや他の人がおもしろいと思っていることについていけなくなってしまいます。音に敏感な子どもは、大人数のざわざわした声が苦手なため、離れていってしまうこともあります。

いやな原因はどこにあるのかを、しっかり見極めることが対応の鍵になります。

少人数からだんだんと人数を増やすなど徐々に慣れるようにします。

よくある場面
みんなでウノをしよう！

- ウノ。やろう
- わたしはやらない。そんなのつまらないから
- いいね
- やろうやろう

● みんなと一緒に遊ぶことに強い抵抗感を示します

わたしの気持ち
ほんとうは、不安

- みんなでやると、よくわからなくなる
- なかなかわたしの番がこないし、勝てないし……
- うるさくて、なんだか落ち着かない

よい対応 1
まずは見ていよう

「おもしろそうだよ。見ていよう」

- ゲームの流れを見ることで見通しをもたせる
- 不安が少なくなったころに誘う

よい対応 2
スモールステップで、少しずつ人数をふやしていく

① ② ③

- ゆっくりていねいに、ルールを確かめながら
- 勝って楽しさを味わえるように大人は手加減をする
- わかりづらい所は、解説を加えて

---

column

理由に応じた対応を

　複数人数での遊びを嫌がる理由は、さまざまです。負けたり、待ったりすることが嫌で避けている場合は、がまんできる容量が小さく、耐性が弱いことが原因となっています。初めは1対1で、楽しさを味わい、徐々に人数をふやしたり、負ける頻度を多くしたりしながら、がまんできる容量を広げていくことが必要です。その場合、まずは大人が遊びに入り、子どもの気持ちを察しながら結果を操作していくことも重要になります。始めは勝たせ、次は引き分けにし、その次は負ける経験をさせ、最後にもう一度勝たせるなど、子どものその時々の気持ちに応じながら負荷をかけたり、達成感を味あわせたりしていきます。
　また、暗黙の了解になっていることがわからなかったり、相手の反応に応じた対応がわからずとまどっているときは、わからない所を解説したり、対応のモデルを見せることも有効です。そのような経験を少しずつ積み上げ、気持ちにゆとりが出てくると、参加できる遊びの種類もメンバーも広がっていきます。

聞く・話すことの困難 / 読み書きの困難 / 計算の困難 / 推論する困難 / その他の困難

37 相手に近づき過ぎたり親密な行動をする

　話しかけるとき、相手にいつも近づきすぎてしまう子どもがいます。本人はどのくらいが「近い距離」なのかがわからないので、「近すぎる」と言われてもどう変えればいいかもわかりません。

　また、相手に対する好意を、抱きつく、ほほをさわる、キスをするなどの行動で表してしまう子どももいます。相手の気持ちにまで思いが至らないので、相手の反応におかまいなしに、しつこく繰り返してしまい、周りとうまくいかなくなる原因になることもあります。

　自分の姿は自分で見ることができません。ですからビデオでとった自分の姿を見て、振りかえる機会を作るのもよいでしょう。適度な距離や適切な表現のイメージを自分なりにつかみ、行動を調整できるように指導します。

よくある場面
近すぎてちょっとこまるなあ

- あのさ
- えっ!!
- ねえねえ……先生
- う〜ん……

わたしの気持ち
なんでいやがるの……

- 近いって言われても……どのくらいで話せばいいの？
- どうして、先生は抱っこしてくれないの？わたしのこと、好きじゃないのかな？

よい対応1
距離感をイメージするには？

どのくらいがちょうどいいかな？

- 距離感をイメージしやすいように、具体物を例に出す
- シュミレーションをしてみる

げんこつひとつ分くらい離れる？
本1冊分くらい？
机ひとつ分くらい？

机　本　げんこつ

よい対応2
行動の理由を説明する

だっこするのは、小学校に上がる前の小さい子だよ。大きい子はしないよ

- 拒絶したのではないことを伝える
- そのままにせず、理由を本人にわかるように説明する
- 望ましい行動に置きかえさせる

だっこはできないけど、握手をしよう

column
自分で抑えられるようにするために

　相手との距離感がつかみづらい子どもは、自分自身の体のイメージが自分の頭の中でできあがっていないことが多いようです。そのため、自分の思うように体を動かせず、しようと思ったことと実際の動きがずれて、自分ではうまく調整できないのです。また、気持ちのコントロールもうまくいかないことが多く、しつこくし過ぎて、相手をとまどわせてしまうこともあります。

　思春期に入ってからも、相手に接近しすぎたり、過度の親密表現を抑えられなかったりすると、深刻なトラブルにつながる恐れもあります。小さいうちから、ていねいに対応をしていくことがとても大切です。

　また、年齢にそぐわない過度のスキンシップを求める子どもの中には、幼少期に家族や近しい人から受けるはずだったスキンシップを受けてこなかったケースもあります。そのようなケースは、専門家による専門的な心のケアが早急に必要になります。

㊳ 自信がなく、いつも自分を卑下する

　学習だけでなく、遊びの場面でも、取り組む前から「仲間に入れてくれない」と周囲の子どものせいにする子がいます。運動面の不器用さなどからくる自分の失敗が友だちの不満につながり、繰り返し責められて自信をなくすことなどがその原因のひとつです。このような二次障害が常態化すると、さらに集団参加から遠ざかってしまいます。
　他の子どもたちに比べて自分はとても劣っているという思い込みが強くなり、「ぼくはだめな子なんだ」とか「みんなが悪いからこうなる」と自己肯定感を下げたり、他人のせいにしたりと、状況はますます悪化します。
　ただ単にみんなと遊ぶように促すだけでは改善されません。成功体験を積み重ねることで自信を回復させ、失敗することへの不安解消をはかるための指導を必要としています。

よくある場面

ぼくが失敗するから、みんなが楽しくなくなる

- 誰がなわに引っかかったの？
- ぼくのこと言ってるんだな
- 失敗しないようにやろうよ

● 他の子どもにそのつもりがなくても、自分が責められているように受け止めている

ぼくの気持ち

本当はいっしょに遊びたいけど

- ぼくが入らない方がみんな楽しいんだ
- どうせぼくなんて失敗ばかりするし……

よくない対応
遊びに入ることだけを促すだけでは不十分

> みんな君がじゃまだなんて思ってないよ。やってみよう

> 絶対にいやだ！

- 「もう遊びたくない」という気持ちを強くさせるだけで、問題をさらに悪化させている

よい対応
失敗（負け）を指摘されない集団遊びを！

- 周囲に、できないことや失敗を指摘しないように事前に指導しておく
- 励まし、応援する雰囲気が休み時間の遊びにまで反映する指導を心がける
- 成功体験を積み重ね被害者意識の軽減化をはかる

column　失敗体験により被害者意識が強くなることがある

　ＬＤの子どもには学習面のつまずきだけでなく、集団の場面で行動面のつまずきもあらわになることがあります。うまくいかないことをたびたび体験すると、自分を卑下したり、他人のせいにしたりするなどさまざまな生活場面で二次的な問題をもつようになります。心の痛みを伴った体験はどうしても記憶に残りやすいものです。失敗体験の積み重ねが多いと、対人関係において緊張や不安を感じやすくなるので注意が必要です。

　そうした心理面の改善を目指すには、その子の得意な面に着目して、教師や周囲の子どもたちの評価が肯定的でプラスの方向となることが大切です。そこで、手始めにまず子どものよい点や長所について書き出してみましょう。ひとりの教師の視点にとどまらず、保健室の先生や他学年の先生方にも協力をしてもらうと、これまで気がつかなかったよい面が必ず浮かびあがってきます。

　事前に遊びのリハーサルを行なったり、遊びのルールを理解させたりするなどの支援を通して成功体験を積み上げていくと、徐々に自信をもつ子に成長していくでしょう。

㊼ 友だちの物を勝手に使ってしまう

目の前に使いたい物があると、友だちの物でも相手に断りなく使ってしまう子どもがいます。早くやりたいときに、ちょうど目の前にあったからという理由で使っていたり、整理整頓が苦手なため自分の物がなかなか見つけられず、すっきり片付いている友だちの物に手を伸ばしてしまうことが多いようです。

理由があるにせよ、無断で友だちの物を使ってしまうのを許してしまうとトラブルの原因になります。

「しかたがない」とそのままにせず、周りの人が、借りるときは相手に断らなければならないこと、間違えて使ってしまったときは謝らなければならないことなどを、はっきり伝えることで、人の物を勝手に使ってはいけないというルールに本人も気づくことができます。

よくある場面

いつも、わたしのはさみを勝手に使われる！

- はさみ、はさみ……あ、これ使おう
- また、勝手に使おうとしてる！

● 何も言わずに友だちの物を使う
● 相手が気づいたときには、もう使っている

ぼくの気持ち

べつにいいでしょ？

- 急いでいたから……
- さがすのが、苦手なんだ！
- ぐちゃぐちゃで、見つからないよー
- 早く、作らなくちゃ…

よい対応1
どうすればよいか、具体的に教える

（それは、えりさんのはさみだよ。「貸して」と聞いてから使ってね）

（えりさんは、「貸してと言ってから使って」と教えてあげてね）

- 断りを入れることの大切さを具体的に教える
- 「貸して」と言われることで、友だちも納得をして貸すことができ、関係が悪くならずにすむ

よい対応2
自分の物を見つけやすくする

（君のはさみは、この箱の中に入っているよ）

- よく使う物箱を、机の上におく
- 一番はしのロッカーやフックを、専用にする
- 目立つように、持ち物に目印シールをつける

advice
勝手がなぜいけないかを教える

　友だちの物を勝手に使ってしまったとき、「しかたない」と我慢して何も言わないでいると、勝手に使われて嫌だと思っている友だちの気持ちが本人に伝わらないばかりでなく、「何も言われないから使ってもいいんだ」と自分に都合のよい解釈をしてしまうこともあります。当然わかっているだろうということが、実はよくわかっていないということもあるので、なぜよくないのか、友だちがどんな気持ちでいるのかなど、ていねいに伝えていく必要があります。そのうえで、自分の物を必要なときに使えるような手立ても一緒に考えていきましょう。

　また、相手の了解を得たり、借りた後にお礼が言えることもとても大切です。何かをやりたくて夢中になっているときには、助言を聞き入れる余裕がなくなるので、日常的に、教室にある物を使うときに許可を求めたり、使いっぱなしにせず、お礼を言って自分で返すことを、本人に意識させるのもよいでしょう。

聞く・話すことの困難 / 読み書きの困難 / 計算の困難 / 推論する困難 / その他の困難

㊵ 身辺整理が苦手で忘れ物や落とし物が多い

　授業が始まっても教科書やノートの準備がなかなかできずに机の中を探し回っている子がいます。机の中だけでなく、個人ロッカーの中もグチャグチャでまったく整理できていません。忘れ物も多く、授業が始まっても必要なものを取り出せないので、学習にも支障が出ています。

　こうしたことが常態化すると、机の中にとどまらず、周辺に落とし物が散乱し始めます。最初のうちは周囲の子どもたちが拾ってくれたり、机の上にもどしてくれたりします。

　しかし、本人に改善しようという意欲や気持ちがないと、周囲の親切を当然と受けとめて、ますます悪化する可能性もあります。どのように身辺整理したらよいかをていねいに辛抱強く指導することが必要です。

よくある場面
消しゴムと定規はどこにある？

消しゴムと定規はどこいったっけ!?

ここだよ。何をさがしてるの？

わたしの気持ち
もっと片付いたらいいなあ……

みんなも拾ってくれるし、だいじょうぶ

いつのまにか散らかっちゃうんだよね

よい対応 1
机の引き出しの整理のしかたを教える

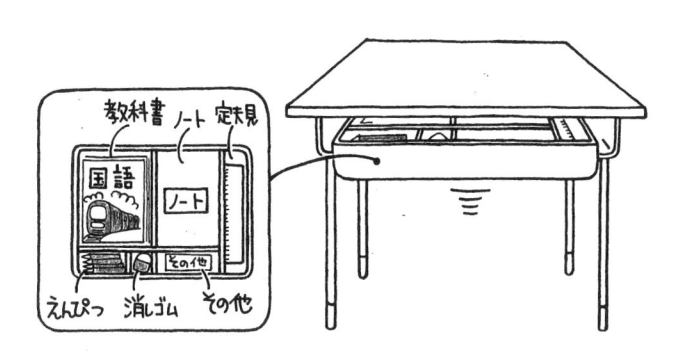

- 机の中に入れておく物は授業で使う必要最小限なものにしぼる
- 授業が終了したら必ず机の引き出しの所定の場所に物をもどさせる
- 次の授業の準備を机の上に出してから休み時間とする習慣化する

よい対応 2
家庭と連携して忘れ物対策を！

明日は図工がありますので……

わかりました

- 家庭との連携が軌道に乗るまではメールなどでやりとりすることも効果的
- 家庭と協力して、子ども自身が準備する機会を意図的に作ってもらう
- 学習の準備ができたら必ずほめる

column
身辺整理、自他の区別が身につかないケースへ対応

　身辺整理ができず、忘れ物が多い子の中には、間違ったことを学習し、なかなか改善できない状態になっている子がいます。例えば、友だちの親切によりえんぴつや消しゴムを他の子から借りて、それを自分の筆箱にしまい、自分の物として使っているような場合です。また、友だちの了解を得ないで勝手に借用し、クラスの中で「盗難事件」へと展開するようなトラブルとなることもあります。このときは私物の記名をクラス全体で徹底し、「勝手に借りると盗んだことになること」についてしっかりと考えさせることで対処しましょう。身辺整理や忘れ物の多さが思わぬ方向へと進む前に改善することが肝要です。

　中学生になっても私物が教室のあちこちに散乱している生徒と出会ったことがあります。このときは、生徒の机の横に箱をおいて、その中にもどすことを他の生徒にも協力してもらうことで対応しました。保護者面談のおりに実態をみてもらい、保護者からも指導をお願いしました。卒業の頃には机とロッカーに物が収まるようになりましたが、やはり、整理整頓は小学生のうちにできるようになってほしいと思います。

㊶ 直接関係のない相手に攻撃的言動をする

　気持ちがあまり安定せず、直接の原因に関係がない友だちにあたりかまわず攻撃的な言葉を発してしまう子がいます。

　例えば、朝、家を出る直前に母親とトラブルがあったために、登校しても機嫌がなおらず、直接関係ない友だちに八つ当たりしてしまうことがあります。

　このようなことが続くとその友だちだけでなく、他の周りの子との関係も悪化してしまいます。

　「八つ当たりするとよくない結果となる」ということにまったく気づかずに行動してしまうという特徴もこのひとつの原因です。

　不用意な言動をしてしまう子どもには、気持ちを切り換えたり、心を静めたりする対処法を学ばせる必要があります。

よくある場面

言いがかりをつけないでよ

- お前のせいで宿題ができない!!
- なんでぼくの責任なの？
- 人のせいにしないでよね

●朝起きた母親とのトラブルを思い出し、イライラしている

ぼくの気持ち

ついつい、怒ってしまうんだ

- 誰もぼくの気持ちをわかってくれない
- どうしてぼくは怒っちゃうんだろう
- なんだかイライラしてて……

よくない対応
非難されて孤立化する

> あいつは自分勝手だ

> 突然、怒り出すからきら〜い

- 問題行動を放置すると、「みんながぼくをいじめる」とますます事態が悪化します。「長所」に目を向けた人間関係作りを学級指導として行ないましょう。こまったときは先生に助けを求めてよいことを伝えておきましょう

よい対応
心の状態を自覚させながら、トラブル回避する

> 落ち着くまで待って！

- トラブルになりそうなときには「ストップサイン」をクラスで決めておき、その場のトラブルを回避します
- 衝動性が押さえられないときに子どもから「ヘルプサイン」が出されたら回避（対処法）を指示します。

column　衝動性への対応

　衝動性のある子の指導では次のような指導が効果的です。どんな問題行動への対処でもそうですが、「こまったときは先生に助けを求める」というような子どもとの関係を築いておいてください。そのうえで、衝動的な感情を自己認知できるようにします。具体的には、心のイライラ度をチェック表などで表現させます。自己の状態を知ることができるようになると、自分のことを理解する力が少しずつ育っていきます。そのことにより、その場を離れたり、助けを求めたりできるようになってきます。これができたときはおおいにほめてあげてください。

　また、衝動的な感情を引き起こす前兆を察知し、誘発因をあらかじめ除去する環境調整を行なうことも効果的です。席の位置を教卓の近くにして目が行き届くようにしたり、静かな学習環境や刺激的な周りの子どもの言動を統制したりすることなどがこれにあたります。視覚的な手がかりとして約束事を机にはるなどの工夫もしてみてください。

聞く・話すことの困難　｜　読み書きの困難　｜　計算の困難　｜　推論する困難　｜　その他の困難

コラム　発達障害と大学入試

　平成23年度大学入学者選抜のための大学入試センター試験（2011年1月実施）の受験案内に、初めてLD、ADHD、自閉症などの発達障害のある者に対する受験特別措置（時間延長・拡大冊子の使用・チェック回答・別室受験など）が正式に書き込まれました。

　このように正式に措置が明示されたことは発達障害のある者の高等教育（大学・短期大学・高等専門学校）での理解と対応という意味で大きな前進です。

　今回の措置は読みの困難や障害を中心とした特別措置ですが、大学入試センター試験でのこの動きは、高等学校での理解の促進や、他の入学試験への波及、入学後の大学などでの支援の検討など、青年期や成人期の発達障害への理解促進にさまざまな影響を及ぼすものと期待されます。

知識編

ここからは、LDの子どもを支援するにあたって知っておきたい知識をQ&Aで紹介しています。診断の方法や関連する発達障害、またLDのとらえ方についてわかりやすくまとめました。

1 ＬＤの原因は何ですか？

★医学的にはまだ解明されていない

　ＬＤ（学習障害）だけでなく、ＡＤＨＤ（注意欠陥多動性障害）や自閉症＊など、一般に「発達障害」と呼ばれる状態について、その原因を知りたいと思うのは、その親にとっても、青年期以降になれば本人自身にとっても当然のことです。

　原因の探求が大切だとみなさんが思うのは、一般の病気なら、こうした発生の原因やそのメカニズムが明らかになれば、具体的な措置や治療、あるいは予防にもつながりやすいということを経験的に知っているからです。

　ところで「ＬＤの原因は何か」という問に対して、まず最初に言わなければならないのは、どうやらそれは脳に関係する発達の問題が子どもの成育の背景にあって起きているらしいということです。と同時にその原因については残念ながら医学的にはまだ詳しくはっきりわかっていないということです。

＊自閉症：本書では「発達障害者支援法」に則り、自閉症という用語を用いますが、主として知的な発達に遅れのない「高機能自閉症」および「アスペルガー症候群」を指します。

★ＬＤの原因には、「発達障害」に共通する原因がある

　ヒトも動物の一種ですが、他の動物とはかなり違っていると言われます。それは比較にならないほど高度な知能をもっているということです。言葉を使う、道具を使う、いろいろな役割をとって社会的に生きていくという点では、圧倒的に抜きん出た動物であるということです。そのことは人間の脳はあまりにも複雑で、精密すぎて、発達上のほんのちょっとしたことでも不具合が目立ちやすいということでもあるのです。

　ＬＤの原因の背景となっているのは、脳の働きの一部分にわずかな発達的な不具合があり、それが、ＬＤとかＡＤＨＤとか自閉症といった特徴ある症状につながっているということです。脳の発達的なバランスが悪いからだとか、特定の場所の働きのせいだとか、いろいろ言われてきました。それぞれの障害と脳のどの部分が関係しているのかという研究は科学技術の発達、特にコンピューター解析の進歩によって、かなり詳しく突き止められるようになってきました。

★エピジェネティクスという考え方

　「発達障害」の特徴が顕著な場合、脳のどの部分や領域の活動と関係しているのかという研究が進んできています。また、脳、つまりそれを構成する神経組織の活動は、一種の電気的活動なのです。脳神経組織がどのように育ち形成されていくのか、その活動が脳内の物質の変化によってどのようにコントロールされているのか、といったしくみについてもだいぶわかってきています。

　最近の医学の進歩は著しく、地球上のほぼすべての生物において遺伝情報を担う生体物質であるＤＮＡ（単に「遺伝子」の意味として使われることも多い）があらゆる病気などの原因と関係しているという専門家もいます。そこでＤＮＡを生命の設計図だと考えることもで

きるのですが、こうしたＤＮＡ研究の中でエピジェネティクスという遺伝学の研究が盛んになってきています。

　やさしく説明すると、確かに遺伝学的にはＤＮＡによって遺伝情報が伝達されるわけですが、環境条件によっても遺伝子変異が起きるということなのです。それはＤＮＡと突然変異を基本として考える従来の考え方に、後天的な影響要因も加味されるという意味で、応用可能性のある新しい捉え方だと言えます。いいかえるとヒトの命や成長、あるいは病気のなりやすさなど、いろいろなことが遺伝子的に決まっているのですが、それが環境条件によって発現が左右されるのです。

★なぜ男の子に「発達障害」が多いのか

　こうした「発達障害」に共通していることのひとつに、男の子に現れやすいということがあります。なぜ男の子によく見られるのか。その背景には、生物学的な原因がそこにあるからだといわれます。

　ヒトの細胞には２２対の常染色体と１対の性染色体（男はＸＹ、女はＸＸ）があることを皆さんは知っていますね。染色体はＤＮＡを保護し、細胞分裂するときの重要な構造体で、その中に含まれる遺伝子が、適切な時期に正確に発現するためにも、染色体は重要な働きをするのです。

　こうした染色体の中にはフラジャイルといって、少々もろいものもあることがわかっていますし、男子の方がより弱さが表に出やすいとも言われます。きっと生物学的には女性の方の完成度が高いのかもしれません。というわけで、発達に起因する障害の場合、男子の方がより多く出現するのではないかと説明されます。

　このようにＬＤの原因については、科学の進歩とともにさまざまなことがわかってきてはいますが、はっきり解明するという意味ではまだまだ時間がかかりそうです。私たちはそうした中でも、必要な発達の支援を考えていかなければならないのです。

　ＬＤの原因に関して大切なことは、そのこと自体は親の責任と考えるべきではなく、ましてや親の育て方や子どもの努力不足によって起きるものではないということです。こうした原因をめぐって、誤解や誤った対応につながることも多いので、発達の問題としてその事実を受けとめ、少しでもよりよい対応をみんなで探していくという姿勢が大切です。

2 ＬＤの診断はどのようにされますか？

★ＬＤは医学用語？　教育用語？

　ＬＤは、ＡＤＨＤや自閉症などとともに、わが国では「発達障害」と言われます。これらの用語のうちＬＤ以外はすべて医学用語です。ＬＤは教育、医学、福祉など、さまざまな領域で用いられる学際的な言葉なのですが、やはり教育的な用語ということができます。そこ

で文部科学省などはＬＤについて、あえて診断といわずに、判断という言葉を使います。ＬＤは米国で１９６０年代以降、教育界から使われ始めたという歴史があります。医学では、読み、書き、計算の障害に限定することが多いのですが、教育的な定義では、やや広く「聞く」「話す」「読む」「書く」「計算する」「推論する」といった６つの基礎的な学習能力のどこかに、特異な学習の遅れや学びにくさのあるものを指します。

★ＬＤの判断は、専門家チームの全員で行なう

「小・中学校におけるＬＤ（学習障害）、ＡＤＨＤ（注意欠陥／多動性障害）、高機能自閉症の生徒への教育支援体制の整備のためのガイドライン（試案）」（平成16年1月）に、ＬＤの判断基準が詳しく載せられているので紹介します。

ガイドラインによれば、学校に校内委員会や特別支援教育コーディネーターを置くこと、教育委員会には専門家チームを置くこととされています。専門家チームは学校からの申し出に応じて、ＬＤ、ＡＤＨＤ、自閉症か否かの判断と、児童対象となる子どもへの望ましい教育的対応について、専門的な意見の提示や助言を行なうことを目的として設置されます。

専門家チームは、教育委員会の職員、特別支援学級や通級指導教室の担当教員、通常の学級の担当教員、特別支援学校の教員、心理学の専門家、医師などによって構成されます。判断は、知的能力の評価、教科の学習に関する基礎的能力の評価、心理面・行動面の評価、医学的な評価などから、原則としてチーム全員の了解に基づき判断します。

★知的能力の評価と学習能力の評価

まず、知能検査だけではなく、他の心理検査なども必要に応じて実施し、対象となる子どもの知的能力や認知能力に全般的な遅れがないことやアンバランスさがあることを確認することを主な目的とします。この評価にあたっては保護者の同意を前提とします。

また校内委員会から提出された資料、学力検査などの結果から、学習の到達度やつまずきの特徴を把握します。

知的障害との境界付近の知的発達の様子を推定するとともに、聞く、話す、読む、書く、計算する、推論する、といった学習の基礎的能力のいずれかに、特に著しい困難がないかが判断のポイントになります。校内委員会から提出された資料、巡回相談員や専門家チームの構成員が行なった行動観察の資料などから心理・行動面の特徴も把握します。

★医学的な評価

専門家チームには構成員として医師が含まれますが、対象となる子どもの詳しい生育歴や医療機関などにおける相談歴といった資料もＬＤの総合判断のためには必要です。

本来、医学的な評価が実施されていることが望ましいのですが、保護者によってはその必要性を感じていない場合もあります。子どもの状態をしっかりつかむためにも、そうした専門的相談をした方がよいでしょう。

そこで判断の後に保護者への助言として、医療機関の受診を勧めることもあります。特に、ＡＤＨＤや自閉症の可能性がある場合は、必要に応じて医療機関への受診を勧めていくことが大切です。これらの助言は、学校と保護者との信頼関係のもとに、校内委員会がその役割を担っていると考えます。医学的評価を保護者に勧める場合は、特に慎重な運びが求められます。その手順としてはできるだけていねいに、時間をかけ、保護者にその必要性を伝えな

ければなりません。

★その他の評価と校内委員会の役割

収集された資料から、他の障害や環境的要因が学習困難の直接的原因ではないことを確認する必要もあります。このようにさまざまな評価情報から、専門委員会では、チーム全員の了解に基づきＬＤか否かの判断するわけです。

気づきや疑いはあっても、はっきり確定できない場合もあります。過去の相談歴がない場合などは、ていねいに継続して情報を収集しなければなりません。不足の資料の再提出を校内委員会に求めたり、対象となる子どもの学校での授業態度などの行動観察や保護者との面談などを実施したりすることもあります。

これらも校内委員会の仕事といえますが、専門家チームもそのために可能な限り手助けをします。校内委員会と専門家チームをつなぐ巡回相談員など、特別支援教育を推進していくための体制整備がシステムとしてうまく機能していくことが鍵となります。

繰り返しますが、判断や診断をするのは、よりよい支援を実現するための第一歩だということです。またいま、何をするべきかだけでなく、子どもの成長を長期的な視野から保護者とともにしっかり見据え、その自立と社会参加をゴールとするという態度が何よりも大切であることは言うまでもありません。これらはガイドラインであって、あるべき体制のひとつとお考えください。

3 心理検査でどのようなことがわかりますか？

★なぜ心理検査を受けたほうがよいのですか

ＬＤがなぜ学習に遅れやつまずきをもちやすいのかといえば、それは子どもの脳の働きに何かアンバランスさのあることが推定されるからです（92ページ参照）。そうしたアンバランスさの一部は知能検査や認知検査といった心理検査のアセスメントによって明らかにすることができます。そこでＬＤの判断にあたっても、そうした心理検査の詳しい評価を求めるわけです。

専門家によってＬＤであることを明らかにする目的は、その子どもの状態を正確に知って、よりよい支援のあり方を探ることにあります。心理検査を受けることがなぜ必要かといえば、その子どもの学習や行動の背景にある脳の働き、つまりその子どもの知的な情報処理の特徴や行動のメカニズムを知りたいからなのです。心理検査はそうした情報を得るための道具（ツール）であり、その情報を子どもたちのためにどう活かすかが心理の専門家には委ねられているのです。

★心理検査は教育の中でどのように利用されるのか

　知能検査や認知検査は100年以上もの歴史があります。最初はＩＱ（知能指数）とか精神年齢といった総合的な能力の指標が大切にされました。それは通常の教育についてくることができない子どもたちを判別して、特別な教育を準備しようとする意図があったからです。

　こうした判別が主な目的だと、知的発達という連続した状態に、知的障害の有無という区分を持ち込み、それだけが強調されたり、特別な教育の場を強要したりする結果も一部で起き、このことがこれら心理検査に対するさまざまな誤解を招くことにもなりました。

　特別支援教育は一人一人の子どものニーズに応える教育と言われます。心理検査の利用面でもさまざまな影響が及んできています。最近の動向は、知的発達の全体レベルの推定だけでなく、一人の子どもの中での能力の特徴（個人内差）や知的処理（プロセス）の特徴を明らかにしようとしていることです。まさに判別から指導へという目的の変化が心理検査の利用にもみられるのです。

★どのような心理検査があるのか

　子どもの知的能力を評価する心理検査には、検査者と子どもが１対１で行なう個別式の検査と、集団で実施される集団式検査があります。集団式の検査は、短時間で大勢の能力が評価できるという特徴がありますが、それだけ大づかみという欠点があります。ＬＤなどの評価では多少時間はかかりますが、詳細な情報が得られる専門的な心理士による個別式検査が用いられます。

　そうした個別式の心理検査としては伝統的な知能検査と新しいタイプの認知検査とがあります。また知能検査には、ビネー式（田中ビネー知能検査Ｖ）、ウェクスラー式（WISC-Ⅳ）など、認知検査には、K-ABCアセスメントバッテリー（現在、K-ABCⅡ、標準化中）、DN-CASなどがあります。

　これらの心理検査は、いずれもそれぞれの概念定義によって、子どもの知的構造を明らかに測定しようとするものですが、たとえるならば、それぞれが多少異なる角度から照明をあて、子どもの脳の状態を明らかに映し出そうとしています。同じような像を結ぶこともあれば、特定の検査によってより明らかになる場合もあります。心理士は子どもの状態によって、複数の検査を用いることもあり、バッテリーを組むと言います。

★心理検査はどこで受けられるのか

　これらの心理検査は、心理士を置いている病院やクリニックなどの医療機関、あるいは発達相談所や教育相談所で受けることができます。たいていの場合予約が必要ですし、公立の相談機関などでは無料で受けることもできます。特別支援教育が進んでいる地域では、保護者が専門家チームにおける相談を了承すれば、校内委員会からの要請によって、教育委員会から心理士が学校に派遣され検査評価をする場合もあります。

　わが国では心理検査を実施する心理士などの資格は、まだ学会などが認定する民間資格ですが、そうした資格としては臨床心理士、特別支援教育士、学校心理士、臨床発達心理士などがあります。国家資格である言語聴覚士などの言語の専門家の中にもこうした検査ができる資格を持つ者がいます。かつては言葉や聞こえに障害のある子どもを扱う特別支援学級の先生の中にも、こうした検査をすることができる先生方いましたが、だんだん専門的な資格化が進んできています。

★心理検査を受けるとき何か大切なことがありますか

　資格問題とも関係するのですが、心理的能力を査定したり解釈したりする際には、十分な知識と技術、そして深い倫理的な専門性が求められます。特に、そうしたアセスメントにあたって必要なことは、アセスメントを受けた人の人権が尊重されなければならないということです。そのためには検査の結果についてもていねいな説明を受けるべきです。本人や保護者の同意のないまま不適切な措置につながったりしてはなりませんし、関係者は、個人の情報としての守秘義務についても理解が必要です。あくまでも心理検査を受けるのは、本人の利益のためにするのだということを忘れてはなりません。

4　LDと他の発達障害とはどのような関係にあるのですか？

★どれも脳の発達と関係している

　LDだけでなくADHDや自閉症なども「発達障害」といわれますが、どのような関係にあるのか、かんたんに説明しましょう。

　LD、ADHD、自閉症など、わが国で発達障害と呼ばれるこれらに共通していることは、その背景として子どもの脳（詳しくは中枢神経系）の発達に何らかの原因があると考えられていることです。専門家は心理検査によってその活動状態の特徴を調べたり、基礎的な学習能力の遅れやつまずき、あるいは行動上の特徴としてその兆候を捉えようとします。LD、ADHD、自閉症、それぞれの特徴があるわけですが、重複したり、発達の過程でそうした特徴が変化したりすることもあります。そこで、まったく別のものとして考えるのではなく、発達の障害としての共通部分もあるということを知っておくべきです。

★発達障害としての気づきの共通点

　次に紹介するのは、5歳時でこうした発達障害に早期に気づくための問診項目例です。（小枝達也（編）『5歳児健診——発達障害の診療・指導エッセンス』診断と治療社）

5歳児発達問診項目例（「いいえ」が7つ以下で明らかな遅れ、8～9つで遅れの疑い）

1. スキップができますか
2. ブランコにのってこげますか
3. 片足でケンケンができますか
4. お手本を見て四角が描けますか
5. 一人で大便ができますか
6. ボタンをはめたり、はずしたりできますか
7. 集団の中で遊べますか
8. 家族に言って遊びに行けますか
9. ジャンケンの勝ち負けがわかりますか
10. 自分の名前が読めますか
11. はっきりした発音で話ができますか
12. 自分の左右がわかりますか

このように、年齢が小さい時は、何か発達に問題がありそうかどうかという気づきが大切です。専門家に相談しながら、ていねいに子どもの発達を見ていくことをお勧めします。

　心配し過ぎて心の余裕をなくしてしまったり、神経質になりすぎたりしても子どもの成長によい影響を与えません。専門家と一緒に、子どもの成長を楽しみながら見守っていくという態度が一番大切です。

★ＬＤと知的発達の遅れ

　子どもの発達で一番気になるのは、知的な発達かもしれません。知的発達は、言葉の出方や増え方などからその様子はある程度わかります。また小さい子どもは、さまざまな能力がまだ分化していないので、知的発達と身体の発達が密接に関係しやすいという面もあります。そうした子どものさまざまな発達から知的な発達の様子を知ることができます。医者や心理士、専門の相談員は、そうした子どもたちの行動から発達の程度を判断することができます。知的な発達が遅れがちだったり、ゆっくりしていても余り心配し過ぎてはいけません。それぞれの子どもの発達のペースに合わせて育てていくことがその子にとっての一番よい育ちにつながっていくのです。

★ＬＤとその仲間たち（ＡＤＨＤ・自閉症など）

　ＬＤやＡＤＨＤなどの発達障害は、基本的に知的な発達の全体的な遅れよりは、部分的な学習の困難や行動面にその特徴があります。ＡＤＨＤは注意集中のムラや多動さといった行動面の特徴があります。自閉症は、①他人との社会的関係の形成の困難さ、②言葉の発達の遅れ、③興味や関心が狭く特定のものにこだわることを特徴とする行動の障害といわれます。また自閉症には知的な遅れをもつものからそうでないものまでいます。知的な遅れを伴う場合はそうした遅れについても合わせて理解しなければなりません。知的に遅れていなければ高機能自閉症ということもあります。また、先の３つの特徴のうち、コミュニケーション能力が遅れていない場合は、アスペルガー症候群という診断名もあります。

　これに対してＬＤは、聞く、話す、読む、書く、計算する、推論するなどの基礎的な学習能力のどこかに特徴ある遅れや習得の困難さをもつ障害とされます。

★学習の障害から学び方の違いへ

　ＬＤは「学習（能力の）障害」(Learning Disabilities)といわれますが、「学び方の違い」(Learning Differences)という捉え方をすべきだともいわれます。どのような発達障害でも何らかの学習の困難をもつ可能性があります。とすれば、こうした子どもたちを、「学び方に違いのある子ども」として、広く理解していくこともこれからは必要なことかもしれません。ＬＤという言葉が教育用語として登場し、普及していった過程で、ＬＤは「傘概念」といわれた時代があります。そこには、支援の必要な子どもたちを大きな教育の傘の下に取り込み、放置せずに対応としていこうとする教育の理念が根本にあり、この「学び方の違い」というＬＤの捉え方は魅力的です。

5 ＬＤの子どもはどのくらいいるのですか？

★米国では２％から始まった

　ＬＤはどのくらいいるのかという出現の推定率は、そうした子どもたちの教育施策を考えるうえでも大切なことです。日本では、通常のクラスに発達障害の子どもたちが２～３人はいるとよく言われますが、その根拠はどこにあるのでしょうか。ＬＤの先進国、米国では1970年に、全米2000校の小・中学校の校長に対して行なった政府の調査が、教育施策の起点になりました。この調査で明らかにされたＬＤの推定値は2.6％、低所得地域の学校では3.5％、高所得地域の学校では2.0％でした。そこで1975年から開始された個別教育計画（ＩＥＰ）実施時におけるＬＤ推定値としては、この調査の最小値2.0％が用いられました。

　その後、ＬＤへの教育ニーズが高まるにつれ10％を越える州もありました。こうした当初の推定を上回る急激な増加に対して、判定基準の厳密な適用をすべきだといった反省期が1980年代にあり、現在米国では、特別な教育支援を受ける義務教育段階の子どもは全体で、約10～12％、そのうちの約半数がＬＤで6％近くといわれています。

★わが国におけるＬＤの推定値

　わが国では2002年に文部科学省(当時、文部省)が、通常の学級に在籍する特別な教育支援を必要とする児童生徒に関する全国実態調査が実施されました。全国の公立小学校および公立中学校の通常の学級に在籍する子ども約４万人を対象とし、学級担任と教務主任などの複数の教員で判断し回答するよう依頼したのですが、次のような結果が明らかになりました。

　学習面に著しい困難をもつ（ＬＤ）と教師が回答した生徒数は4.5％、行動面に著しい困難をもつ生徒数は2.9％（ＡＤＨＤ 2.5％、高機能自閉症 0.8％)であり、重複するケースもあり、全体では6.3％という数値が報告されました。

　この調査は、ＬＤの専門家チームによる判断や、医師による診断によるものではありませんので、そのまま出現率とみなすことはできません。しかし、知的発達に遅れはないものの、学習面や行動面で著しい困難をもっていると担任教師が回答した生徒の割合が約6％、数でいえば60万人以上にも及ぶというこの報告は、その後の教育施策の大きなガイドラインとなりました。通常のクラスに発達障害の子どもたちが２～３人はいるという根拠はこうしたパーセンテージからも確かめられたわけです。

★他の国ではＬＤはどのように理解されていますか

　ＬＤは歴史的に、アルファベット言語圏、特に英語圏で多く報告されてきました。それは英語の読みには不規則的な要素が多いからだと説明されています。ＯＥＣＤに加盟している20数カ国の調査では、ほとんどの国で読み書きの障害をひとつの障害カテゴリーと捉え支援の対象としています。ただ国によって、用語の使われ方や定義は異なります。

　米国やカナダではＬＤが使われますが、英国などでは日本の学業不振に近い学習困難（Learning Difficulties）というやや広い概念も使われるようです。英国では1981年に施行された教育法の前提となる基本調査（ウォーノック報告）では、学習困難は５～６人に１人と報告されています。

米国でいうLDに対応するものとしては、特異な学習困難、あるいは伝統的な医学用語であるディスレクシア（読字障害）がそれにあたります。オーストラリアやニュージランドなどでも同じような傾向が見られます。読み障害（読みに障害があると書きにも障害が出やすいところから読み書き障害という場合もある）やディスレクシアという捉え方は、北欧三国やEUの主要国全体にほぼ共通しているようです。ただアジア諸国やアフリカなど発展途上国では学力の普及が大きな課題で、教育の普及によってこうしたLD概念の理解も深まっていくようです。

★日本のLDは少ないのか

　わが国でも義務教育段階で特別支援教育を受けている子どもたちは、知的障害、身体障害、発達障害など全部あわせてもやっと2％に達したところであり、「発達障害」を含む特別支援教育への本格的な展開は21世紀に入ってからです。LDは英語圏の問題で日本にはもともとそんなにいないのではないかという意見もありました。確かに、英語と日本語は言語的には相当異なります。日本語のかな文字は1文字1音であり、読みとしては英語よりもやさしいといわれます。しかし、かなにもひらがなとカタカナがあり、音と訓の読みをもつ漢字も併用します。今日では、LDの背景となる認知の問題は日本にも存在するし、日本語の習得にあたっても、固有の学習困難が存在すると考えられています。

　わが国では、2006年度より「通級による指導」の対象として、LD、ADHDなどを正式な指導対象として法律的にも認められました。その結果、教育統計上これらの発達障害のある子どもが特別な支援を受ける総数は大きな伸びを示しています。しかし、障害種別としての内訳をみると、LDはやや少なく、ADHDとほぼ同数となっています。おそらく、LDは医学的な診断用語であるADHDや自閉症などよりも、医学サイドからの診断がしにくいといったことが影響しているからではないかと推測されます。

6　LDの子どもの発達を理解する上で大切なことは何ですか？

★障害と健常は連続しているし、発達障害はお互いに重複もする

　LDだけでなくなんらかの発達障害が疑われる子どもたちの教育相談をしていて、一番気になるのは、こうした子どもたちがやがてどのように自立し社会に参加していくのだろうかということです。そこで、LDと呼ばれる人々を私たちがどのように理解し、また彼らが社会生活を少しでもうまくやっていく上での大切なことは何かを考えてみます。

　LDに限らず発達に障害がある場合、いずれにしてもその原因は脳の発達と関係しており、そのメカニズムについても脳の働きとして解明されつつあるわけです。ではどうしてそうしたことが一部の子どもたちだけに現れるのでしょうか。

　一部の子どもに現れるといいましたが、それは正確な表現ではありません。そうした特徴を色濃くもっている人に、LDとかADHDとか、自閉症などといった診断名がつくわけですが、実は、その中間にあるような人も結構いるのです。大切なことは、軽い症状を示す人から、重い症状を示す人まで連続しているということです。

　はっきりとその特徴を示す典型的な人をLDとか、医学的には古くから「ディスレクシア（読字障害）」と呼んできましたが、ADHDと重複しやすいことも知られています。知能な

どもそうですが、知的な発達がバランスよく、全体的に高い人もいれば、部分的に高かったり、低かったり、反対に全体的にゆっくり発達している人もいるわけで、そうした知的な発達状態とも重なっているのです。

このように障害と健常とはもともと連続した存在であるし、それら障害間にも重複性がみられる場合もあるということを知っておくべきです。

★障害の重さを決定する要素は何か

発達相談や教育相談をする中で、たくさんの子どもたちと出会いますが、まず発達障害としての課題の軽重を捉える場合、3つの大きな要素があります。ひとつは知的発達の状態です。子どもの知的発達の遅れを認めたがらない保護者や、そのことを軽視して進路などを考える指導者がいますが、長期的なゴール設定にあたって、まず全体的な知的発達の状態を保護者自身がだれよりもきちんと知るべきだと思います。そうでないと子どもに常に不適切で無理な要求をしがちだったり、逆に子どもの潜在能力の高さに気づかないといったこともあります。

次に大切なことは、自閉的な特徴があるかないかということです。自閉症に代表されるような行動上にたくさん課題をもっている子どもの場合、そうした特徴があることを周りの人々が共通理解としてもっていないと、集団に合わせようとし過ぎてしまったり、子どもの特性を不適切な行動として誤った理解に陥ってしまうこともあります。

3つめは、それまでの無理解や不適切な対応の結果、二次的障害がどの程度あるかどうかということです。こうした二次障害は本来適切な対応をしていれば回避できる可能性もあったわけですし、特別支援にあたっても最初に解決すべき課題であることも多いのです。

★障害と個性のはざまで

LDのような能力の凹凸を個性として捉えられないものかと思うことがあります。しかしLDとしての特徴を個性として理解するには、彼らが学校という教育環境の中で背負う困難はあまりにも大きく重い気がします。個人を理解しようとすることは基本ですが、それを周囲がどう受けとめるかということにも配慮しなければなりません。特に子どもの場合には、本人にとっても周囲の子どもたちにとっても、なぜそうした特別な支援が必要なのかの理解を怠ってはなりません。まさに最小の適切な支援が、最大の理解される支援でもあるのです。

そこで、こうした障害は、「理解と支援の必要な個性」という受けとめ方があるのではないでしょうか。私たちがその困難さを早くに理解し、適切な対応をとることができれば、二次障害も避けることができますし、日常生活や通常の学級のなかでの配慮や指導でやっていけることも多くなると思います。まさに障害を個性として受けとめる可能性を広げることができるわけです。

★失敗をバネにしていくというしたたかさ——自立と社会参加のために

こうした人々の発達の中で必要な支援を探して

いく過程では一方的に準備し与えるという考え方には賛成できません。彼らの学び方の特徴を知ると同時に、一緒に考え、解決の道筋をともに探していくという指導が大切です。

そうしたチャレンジの中でも失敗を繰り返すことは多々あるでしょう。しかし、一緒に考え工夫した試みは、たとえ失敗しても、そこから何がまずかったのかを学び、次のチャレンジへのバネとすることができるはずです。

自立と社会参加のためには、小さい時から継続的で構造化された指導プログラムが必要です。それは学校だけでなく家庭においても必要なのです。そうした一貫性ある支援のなかで、保護者であれ、先生であれ、友人であれ、常に理解者がそばにいるということが、自分に合った生きる力を探し、自尊心を大切にしながら、チャレンジし育てていく原動力となるのではないでしょうか。

7 発達障害者支援法について説明してください

★発達障害のための法律

視覚や聴覚あるいは身体に障害のある人（身体障害者）の自立と社会参加を促進するため、援助や保護などを通じて、彼らの福祉の増進を図ることを目的とする「身体障害者福祉法」が、同じく知的障害者の自立と社会参加を促進するために「知的障害者福祉法」があります。しかし、ＬＤなどの「発達障害者」については、これらの法律がなかったところから、２００５年４月に施行されたのが「発達障害者支援法」（以下「法」という）です。　これによって、ＬＤ、ＡＤＨＤ、自閉症などのある人々の理解と支援のための基本となる法が整えられたわけです。

★その目的は

発達障害はできるだけ早期に発達支援を行なうことが特に重要であることから、発達障害を早期に発見し、発達支援を行なうことに関する国や地方公共団体の責務を明らかにするための法律です。同時に、学校教育における発達障害者への支援、発達障害者の就労の支援、発達障害者支援センターの指定などについても明らかにし、発達障害者の自立と社会参加に役立つよう、その生活全般にわたる支援を図り、その福祉の増進に寄与することを目的としています。

★定義について

「発達障害」の定義については、「自閉症、アスペルガー症候群、その他の広汎性発達障害、学習障害、注意欠陥多動性障害、その他これに類する脳機能の障害であってその症状が通常低年齢において発現するものとして政令で定めるものをいう」とされています。

ちょっとかたい表現ですが、専門的には「これらの規定により想定される、法の対象となる障害は、脳機能の障害であってその症状が通常低年齢において発現するもののうち、ICD-10（疾病及び関連保健問題の国際統計分類）における「心理的発達の障害（F80-F89）」及び「小児＜子ども＞期及び青年期に通常発症する行動及び情緒の障害（F90-F98）」に含まれる障害であること」とされます。

政令で定める障害としては、脳機能の障害であってその症状が通常低年齢において発現す

るもののうち、言語の障害、協調運動の障害などが含まれます。また、てんかんなどの中枢神経系の疾患や脳外傷や脳血管障害の後遺症についても、同じような障害を伴うものである場合にはこの法の対象となります。

★ＬＤ、ＡＤＨＤ、高機能自閉症の定義

　日本で発達障害とされる、ＬＤ（学習障害）、ＡＤＨＤ（注意欠陥多動性障害）、高機能自閉症の定義についても紹介しておきましょう。

ＬＤ（学習障害）

「学習障害とは、基本的には全般的な知的発達に遅れはないが、聞く、話す、読む、書く、計算する又は推論する能力のうち特定のものの習得と使用に著しい困難を示すさまざまな状態を示すものである。学習障害は、その原因として、中枢神経系に何らかの機能障害があると推定されるが、視覚障害、聴覚障害、知的障害、情緒障害などの障害や、環境的な要因が直接的な原因となるものではない。」
出典：学習障害及びこれに類似する学習上の困難を有する子ども生徒の指導方法に関する調査研究協力者会議（１９９９）「学習障害児に対する指導について（報告）」

ＡＤＨＤ（注意欠陥多動性障害：欠陥の替わりに欠如を使うべきという意見もある）

「ＡＤＨＤとは、年齢あるいは発達に不釣り合いな注意力、及び／又は衝動性、多動性を特徴とする行動の障害で、社会的な活動や学業の機能に支障をきたすものである。また、７歳以前に現れ、その状態が継続し、中枢神経系に何らかの要因による機能不全があると推定される。」
出典：特別支援教育の在り方に関する調査研究協力者会議（２００３）「今後の特別支援教育の在り方について（最終報告）」

高機能自閉症

「高機能自閉症とは、３歳位までに現れ、他人との社会的関係の形成の困難さ、言葉の発達の遅れ、興味や関心が狭く特定のものにこだわることを特徴とする行動の障害である自閉症のうち、知的発達の遅れを伴わないものをいう。また、中枢神経系に何らかの要因による機能不全があると推定される。」
出典：特別支援教育の在り方に関する調査研究協力者会議（２００３）「今後の特別支援教育の在り方について（最終報告）」

★発達障害をめぐる用語としての問題について

　発達障害という言葉自体は、新しい言葉ではありません。医学的には、知的障害などもその中に含む用語として使われてきた経緯があります。わが国では「発達障害者支援法」における、ＬＤ、ＡＤＨＤ、高機能自閉症などを総称する法律的用語として「発達障害」が定義され用いられています。

　「発達障害」は、あくまでも身体障害や知的障害には含まれなかった新しい障害概念として法律的に定義された概念であることを忘れてはなりません。言葉や用語には、その国の歴史や文化が反映されるわけで、発達障害を直訳しても、外国では必ずしもＬＤやＡＤＨＤなどに限定した用語としては通用しないということも知っておくとよいでしょう。

巻末資料 教科別｜応援グッズ

国語

ひらがなを覚える

五十音カード
「あ」にはあひる「い」には犬、「う」には牛など、その文字が頭文字になっている絵が描かれたもの。書きはじめがわかるよう一画目だけ色違いにしておくのもよい。

絵つき五十音表
カードと同様に拗音や撥音も「しゅくだい」の「しゅ」、「りんご」の「ん」など絵で文字を探し出せるようにしておく。教室壁面に絵入りの五十音の表を貼っておけば、その子もみんなもそれをヒントに書くことができる。

ひらがな黒板
4分割の点線が入ったマスに書かれた小黒板を用意すると、ひらがなを構成する部分を確認することができる。

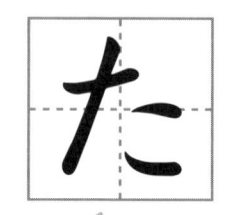

漢字を覚える

部首カード
覚える漢字の下に、1マスの中を部首ごとに区切る薄い線が引いてあるカード。分けることにより位置や大きさのバランスが取れるようにする。漢字は部首ごとにマーカーで色分けしてなぞらせる

成り立ちカード
似た形の漢字を教えるときなどに漢字のおこりを絵で説明して印象づける。

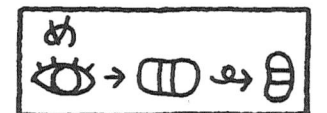

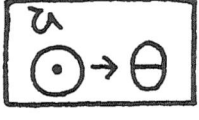

例）目という漢字は目の形からできたので真ん中が2本。日は太陽だから真ん中が1本。

なぞりがきから
な文字を指でなぞる→文字の上にトレーシングペーパーをのせてうつし書き→シートのお手本を見てとなりのマスに書く。

お手本を指でなぞって
↓
お手本をみながらかいて

クイズ
クラスで漢字の読み方を楽しく覚える機会をつくり、みんなと一緒に学ぶ楽しさを体感させる。

文章を読む
ガイド板
厚紙を5mm幅くらいに切りぬき、教科書などに当てて使う。音読のときに、読む場所だけに集中できるツール。

助詞を理解する
ペープサート
「犬」「猫」の人形やイラストカードを見せながら、「が」「を」などの助詞と動詞が書かれたカードをおいておく。教師の実演に合わせて子どもが助詞カードを選択する。

問題を解く
キーワード
大事な個所を線で結んだり矢印や番号を振って内容を関連づける書き込みをすることで、問題を視覚化できる(25ページ参照)。

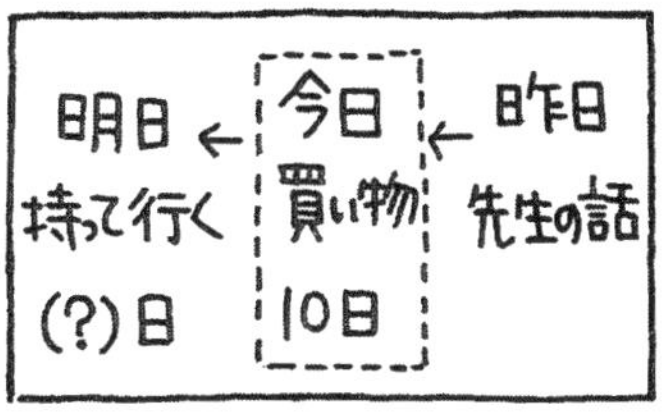

体育

なわとび
おもりつきなわとび
半分に切ったなわの先に、やわらかいおもりが付いています。

手首で回す感覚を覚えるために、なわとびのなわを中央で切り、端を玉結びにしてビニールを巻いたものを使う。

キャッチボール
コマ送り動作
ピッチングなどの複雑な動きの場合、コマ送り動作をしたり、大きな鏡や動画で自分の体勢を確認したりして、コツをつかむ。

サッカー
ゴールの調整
子どもの特性に合ったポジションをつくるためには、フットサルやタグラグビーなどのように、ゲームそのものを改良する視点も大切。

算数

数にしたしむ

すごろく
ゲームをする中で具体物の操作で量をとらえ、数にしたしみやすくする。さいころの目は子どもの実態に応じて、ドット、絵と表わしていくとよい。

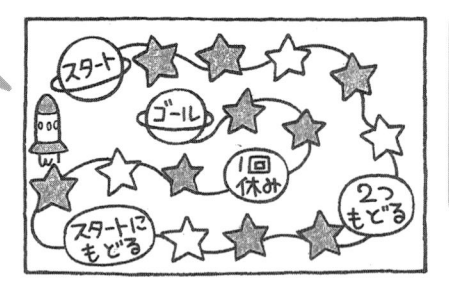

フラッシュカード
表は数字、裏は数をドットや形で表したカード。一目で数を量としてとらえられる。

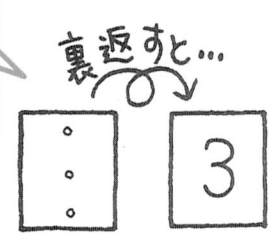

図形にしたしむ

三角陣地取りゲーム

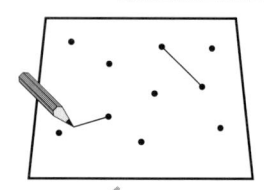

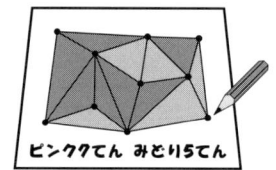

●やり方
① A4くらいの白紙にランダムに点を打つ。
② じゃんけんで勝った人が点と点を結んだ直線を1本ずつ書いていく。
③ 結んだ線で三角形ができたら、自分の陣地になる。
④ たくさん陣地を作ることができた人が勝ち。

点をつないで絵を書く
1から順に番号のついている点を定規でつなぎ、結んだ線で絵を完成させる。勝ち負けがなく1人ででき、何の絵が完成するか楽しみながらできる。

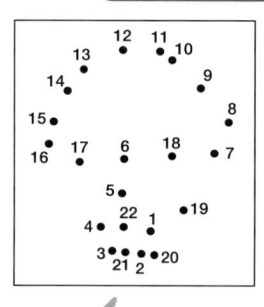

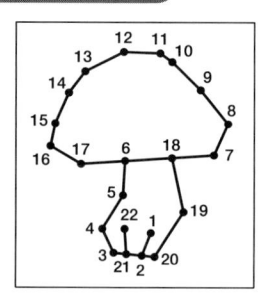

単位に慣れる

単位あてカード
ジュース、うさぎ、えんぴつのイラストが書かれたカードと、それに対応した単位が書いてあるカードを用意する。神経衰弱風に物や動物と単位をあわせるマッチングゲームで楽しく覚えられる。

マイ・絶対量感
自分の体や身近な物を計測してみよう。基準となる物を、単位ごとにひとつ決めておくとよい。計った「絶対量感」を使って見当づけをすると、大きな間違いをしなくてすむ。

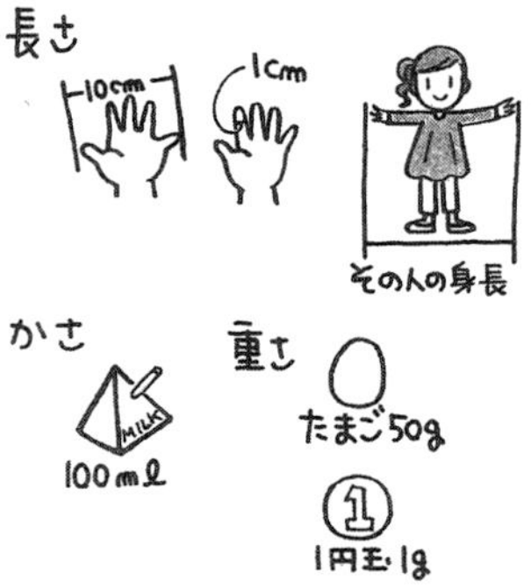

算数用具の使い方

ノート

大きめのマス目があるノートを使い、マス目からはみ出さないように書く。

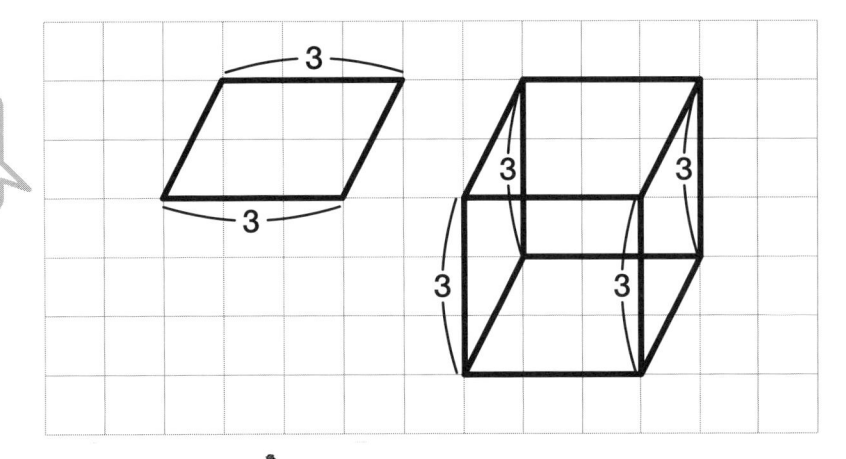

定規

定規の「0」が目立つように、目盛りに油性細マジックで印をつける。

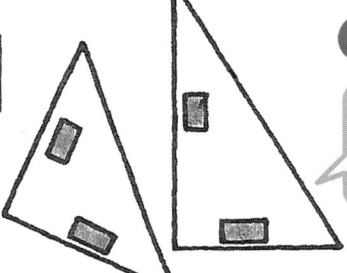

端から計測できるタイプの定規を使う。

三角定規

定規の裏にフェルト、平ゴム、マグネットシートをはり、金属の下じきの上にのせて使うと滑り止めになる。

コンパス

針がぶれないように、コンパスを使うときの下敷きとしてボール紙のような厚紙を使う。

図形がうまくかけないときは…

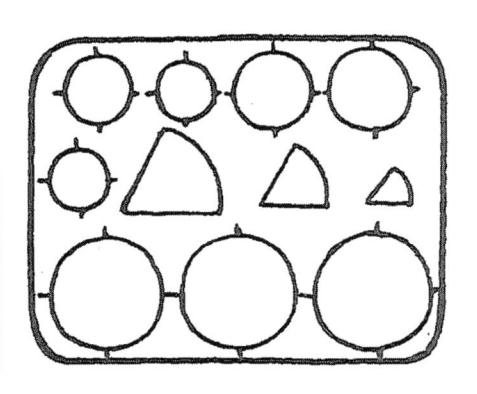

● テンプレート
製図用定規を使って、扇型や円、線などを簡単に書くことができる。

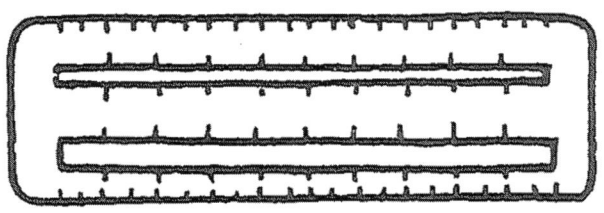

計算する

足し算・引き算

○7＋5＝□
7は頭の中においておき

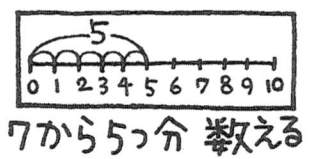

7から5つ分 数える

紙に0から10までの整数を書いた「数ものさし」をつくる。数の大小、順序関係など抽象的な数を視覚的・直感的にとらえられる便利なツールで、足し算や引き算の手がかりとして活用できる。

九九

九九一覧表

ひとつの九九のみ示されたカード、全体がわかる一覧表など、その子に合ったものを使う。「自分でカードを見ながら唱える」「友だちとペアになり相手が唱えるのを聞く」「言いながら数字を書いたり数字シールをはったりする」などやり方も工夫できる。

文章題を解く

絵を描いてイメージ

問題
お相撲さんの体重は子どもの体重の7倍で210kgです。子どもの体重は何kgですか？
●文章題からイメージされる絵を描いてみる。

キーワード

足し算ことば・引き算ことば

●足し算ことば
あわせて／ぜんぶで／ふえると／くわえる

●引き算ことば
すくない／のこりは／あといくつ／たりない／ちがいは

例題
お兄ちゃんのおこづかいは1000円です。ぼくのおこづかいはそれより300円少ないです。ぼくのおこづかいはいくらになりますか？

学校生活

持ち物

シールを活用

持ち物やロッカーを見失ってしまうばあいには、目立つ色を使ったシールや本人の好きなシール（動物や花、キャラクター）をつけると見つけやすくなる。

引き出し

引き出しのスペースをわける

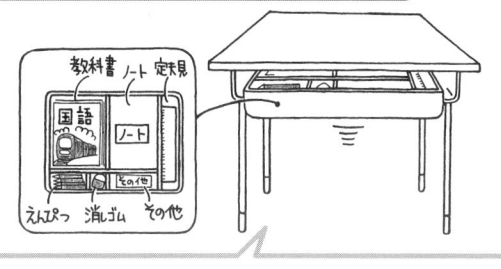

机の中がごちゃごちゃになってしまう子には、引き出しのスペースを分け、入れる物の位置を決めておく。

学習道具箱

よく使うものボックス

はさみ、定規などよく使うものは箱にまとめて入れておく。机の上においておき、取り出しやすく、そして片づけやすくする。

校内地図

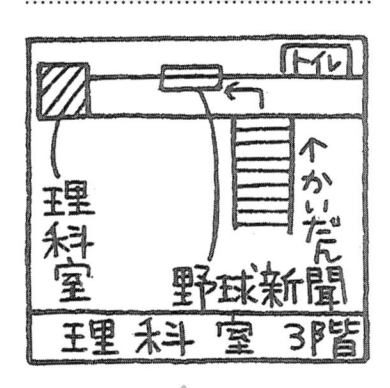

教室移動のときには、その教室までの道を示した地図があると便利。先生と一緒に実際に行ってみて本人にとってわかりやすい目印を見つけて作成する。

案内板

各階の校内案内板には、特別教室ごとに色を変えたり、マークを添えたりして、教室がある方向に矢印をつけておくとわかりやすい。

手順表

手順を忘れたときにいつでも確認できるように文字にして書いておく。そうじなど動かなければならない場面では首からさげるようにして活用する。

あとがき

■LDは子どもを理解する鍵である

　LD（学習障害）、ADHD（注意欠陥多動性障害）、高機能自閉症などのある子どもは「発達障害」と総称されます。こうした子どもたちの歴史を振り返ると、LDという大きな傘のもとで受けとめられてきた時代もありました。本来、LDは脳の発達、言いかえると認知的な情報処理の発達的な特徴から、勉強面や行動面でいろいろなつまずきや学びにくさをもっているといわれます。それがlearning disabilities（学習障害）という言葉の語源です。

　でも、そうしたつまずきをもつ子どもたちはLDだけではありません。ADHDや自閉症の子どもたちもそうですし、知的に遅れている子どもたちだって勉強面や生活面では特別な理解と支援を必要としています。これらを大きくまとめて、学業不振とか学習困難という捉え方もあります。なぜ子どもたちにそうしたつまずきがあるのかをそれぞれに正確に理解して、その状態に合った教え方をしなければなりません。新しいLDの捉え方としてlearning differences（学び方の違い）のある子どもといった考え方もあります。実に魅力的な言葉です。

■世界は「インクルーシブ教育」に向かっている

　いま世界の教育は、「インクルーシブ教育」という考え方が重要視されています。すべての子どもたちが包み込まれる、一体化した教育という理念です。その考え方は、それぞれの子どもの個性や状態をよく理解して、それぞれの子どもが求める、それぞれの子どもにあった教育を準備することによって、それぞれを豊かに伸ばしていこうとする教育です。

　子どもは一人一人違っていて、それぞれのちがいを十分に受けとめながら、等しくチャンスが与えられ、それぞれの育ちを全うさせようとするものです。この考え方は、人間を人種、民族、宗教、性別、年齢、能力等の違いによって区別せず包含し、日常生活におけるすべての教育、雇用、消費、余暇、地域、家庭活動等における機会を等しく保障する考え方です。それは障害についても同じです。障害のあるなしにかかわらず、ともに育ちあう教育の原点でもあるのです。

■子どもたちは連続している

　私たち人間は同じ人間でありながら、いつもわずかな違いをことさら強調して、区分したり線を引いたりしてきた気がします。同じ人間を分けることで、一方を虐げたり、不利を負わせたりもしてきました。人種や肌の色、性別で線を引くことの不合理さは誰でも気がつくことです。幼児や年寄りを弱い者として差別することも社会としてみるとおかしいと誰でも気付きます。障害も同じことなのです。

　行政的には都合によってやむを得ず線を引くことがあります。でもそこに2種類の人間がいるわけではありません。もともとは連続しているところに線を引くのです。病気と健康だってその状態は連続しています。連続している状態なのに、線を引くことによって治療を開始したり、支援をしたりする基準と判断するわけ

です。

　障害という言葉にも同じことが存在します。さまざまな障害がありますが、重度とか軽度という言葉も、たくさんの支援が必要な人と少しの支援でもやっていける人とを分けるための言葉です。ふだんはまったく支援の必要のない人もいれば、時と場合によって支援を必要とする人もいます。線を引くのはあくまでも便宜的なことだということを私たちは知らなければなりません。

■ LDはたくさんのことを教える

　私たちはLDからたくさんのことを教えられます。LDと呼ばれる子どもたちは、ある意味でとても個性的な子どもたちです。その個性が、ときには、周囲から「変わった子ども」と見られたり、自分たちとは違う子どもと思われたりもしがちなのです。

　「障害もひとつの個性」ということを彼らは教えてくれます。ただ、個性と呼んで理解するには、私たちの理解力はまだまだ不十分です。教育や福祉の世界では、身体障害に対する理解と対応から、知的障害への理解と対応、そして発達障害への理解と対応へと進んできました。LDなどの発達障害は見えにくい障害ともいわれます。その理解のされにくさを思うとき、「障害とは、理解と支援を必要とする個性」という言葉が頭に浮かびます。

　LDをはじめとするこうした子どもたちは、支援を必要としている、支援を待っている子どもたちなのです。おおぜいの子どもたちの中で彼らを理解し、上手に支援していくことは、教育の基本の姿であり、すべての子どもたちひとりひとりを大切にしていくことにつながります。

■オンリーワンということ

　LDの子どもたちを見ていると、この個性を上手に伸ばして育てていくことができないかと考えさせられます。みんなと一緒にその中で競わせる力だけでなく、この子どもの個性や特徴を、生きる力として活かし、伸ばしていくことができないかということです。

　どんな子どもたちも、最終的には自立と社会参加がゴールです。そのための基本的な力を学校では学び、育てていくのです。やがてその子どもの能力や適性、興味、関心を結びつく本当の生きる力へと育っていくのです。

　子どもは一人ひとり違っています。それぞれに共通性もありますが、やはりその子どもの個性の違いをしっかり見抜いて、独自の生き方を大切にして伸ばしてやりたいのです。まさに子どもはオンリーワンなのです。

■発達の長い道のりの中で

　子どもは家族の中で生まれ、家庭、そして学校の中で育ち、やがて社会に巣立っていきます。教育はそのための準備のプロセスであり営みです。私たちはその子どもが発達する道のりを見守り、支援し、手伝う仕事をしています。

　この本は、LDという視点から、すべての子どもたちがみんなの中でそれぞれに自分らしく育っていくために、先生方の知恵と経験を集めて作成されました。もちろん、これがすべてではありません。これをヒントにさらに豊かな理解と支援の輪が広がっていくことを期待します。

　　　　　　　　　　　　　　　　　　　　　　　　　　　　　　　　　　　　　　　上野一彦

【編者】
上野一彦（うえの・かずひこ）

　1943年生まれ、東京都出身。東京学芸大学名誉教授。日本LD学会理事長。早くからLD教育の必要性を主張。その支援教育を実践するとともに啓発活動を行ない、1990年全国LD親の会、1992年日本LD学会設立に関わる。ITPA、WISC-Ⅳ、LDI-R（LD調査票）、PVT-R（絵画語い検査）などの尺度開発。文部科学省「学習障害児の指導方法に関する調査研究」「特別支援教育の在り方に関する調査研究」の協力者会議委員、東京都「心身障害教育改善検討委員会」委員長等を務める。
　1994年より日本LD学会会長、2009年より、法人化にともない理事長。
　著書に『LD(学習障害)のすべてがわかる本』（講談社）、『LD(学習障害)とADHD(注意欠陥多動性障害)』『図解よくわかるLD』（ナツメ社、2008）、『よくわかる発達障害』（小野次朗・上野一彦・藤田継道、ミネルヴァ書房、2007）など多数。

【執筆者一覧】順不同（　）内は事例編の執筆箇所

岸本友宏（きしもと・ともひろ）	兵庫県神戸市立板宿小学校　きこえとことばの教室教諭	（01〜05）
漆澤恭子（うるしざわ・きょうこ）	植草学園短期大学福祉学科児童障害福祉専攻教授	（06〜08、14、15）
須加野千明（すかの・ちあき）	埼玉県上尾市立芝川小学校　発達障害・情緒障害通級指導教室教諭	（09〜13）
戸田昌子（とだ・しょうこ）	埼玉県熊谷市立熊谷西小学校教諭	（16、21〜23）
星井純子（ほしい・じゅんこ）	東京都三鷹市立第七小学校教諭	（17〜20）
長谷川安佐子（はせがわ・あさこ）	東京都新宿区立教育センター職員	（24〜27）
髙山靖子（たかやま・やすこ）	栃木県下野市立南河内第二中学校教諭	（28〜30）
井上　薫（いのうえ・かおる）	東京都武蔵野市立第四小学校　情緒障害等通級指導学級主任教諭	（31〜34）
黒須真希（くろす・まき）	東京都江戸川区立平井南小学校　情緒通級教諭	（35〜37、39）
増田博信（ますだ・ひろのぶ）	埼玉県ときがわ町立都幾川中学校教諭	（38、40、41）

イラスト　森田雪香
組　版　　酒井廣美
装　幀　　佐藤健＋六月舎

イラスト版　ＬＤのともだちを理解する本
楽しく学ぶ なかよし応援団

2011年2月15日　第1刷発行
2015年2月10日　第2刷発行

編著者　　上野一彦
発行者　　上野良治
発行所　　合同出版株式会社
　　　　　東京都千代田区神田神保町1-28
　　　　　郵便番号 101-0051
　　　　　電話 03（3294）3506　FAX 03（3294）3509
　　　　　ＵＲＬ：http://www.godo-shuppan.co.jp/
　　　　　振替 00180-9-65422
印刷・製本　株式会社シナノ

■刊行図書リストを無料送呈いたします。
■落丁乱丁の際はお取り換えいたします。

本書を無断で複写・転訳載することは、法律で認められている場合を除き、著作権及び出版社の権利の侵害になりますので、その場合にはあらかじめ小社あてに許諾を求めてください。

ISBN978-4-7726-0478-9　NDC 378　257×182　©Kazuhiko Ueno,2011